轨道交通工程环控与给水排水设计典型错漏案例解析

王迪军　王静伟　刘从胜　主编

中国建筑工业出版社

图书在版编目（CIP）数据

轨道交通工程环控与给水排水设计典型错漏案例解析／王迪军，王静伟，刘从胜主编．—北京：中国建筑工业出版社，2024.5

ISBN 978-7-112-29775-7

Ⅰ.①轨… Ⅱ.①王…②王…③刘… Ⅲ.①城市铁路-轨道交通-给水工程-工程设计-案例②城市铁路-轨道交通-排水工程-工程设计-案例 Ⅳ.①U239.5

中国国家版本馆CIP数据核字（2024）第083985号

在全国各地轨道交通工程设计经验的基础上，总结了轨道交通工程环控与给水排水专业在车站、车辆基地、区间给水排水及消防中的典型错漏案例，包括了各种不同的设计、施工和运营管理等问题。本书深入解析这些错漏案例所出现问题的原因，给出了整改方案，以及对后续设计的建议，供年轻的设计师们从这些案例中总结教训，吸取经验，对提高设计质量具有较好的参考借鉴意义。

责任编辑：曾　威
责任校对：赵　力

轨道交通工程环控与给水排水设计
典型错漏案例解析

王迪军　王静伟　刘从胜　主编

*

中国建筑工业出版社出版、发行（北京海淀三里河路9号）
各地新华书店、建筑书店经销
北京鸿文瀚海文化传媒有限公司制版
建工社（河北）印刷有限公司印刷

*

开本：787毫米×1092毫米　1/16　印张：10½　字数：251千字
2024年5月第一版　2024年5月第一次印刷
定价：**58.00元**
ISBN 978-7-112-29775-7
（42846）

版权所有　翻印必究
如有内容及印装质量问题，请联系本社读者服务中心退换
电话：（010）58337283　　QQ：2885381756
（地址：北京海淀三里河路9号中国建筑工业出版社604室　邮政编码：100037）

本书编委会

主　编：王迪军　王静伟　刘从胜

副主编：陈　坚　郝　娜　孟凡琛

编　委：廖佳仪　张文武　郑　聪　解丰波　李志龙
　　　　刘小辰　周　伟　王　波　周　鹏　时钟鸣
　　　　高吉祥　韩　勇　缪仁豪　陈　颖　杨贵德
　　　　陈仰光　熊旭华　崔家琪　甘世新　张　鹏
　　　　同智利　赵　磊　孙俊杰

审稿人：张远东　罗燕萍

前　言

随着我国经济快速发展，城市化水平不断提高，越来越多的城市内及城市间都在大力发展轨道交通，将其作为公共交通的重要手段。截至2023年底，全国共有45个城市有城轨交通项目在建，在建线路总规模5671.65km。2023年在建城轨交通线路共计224条，其中在建线路5条及以上的城市23个，在建线路10条及以上的城市7个，共有23个城市在建轨道交通线路长度超过100km，中心城市的城轨交通建设持续发力。

轨道交通线网规模的增长带来日益繁重的建设任务，特别中心城市都是多条线路同时建设。由于轨道交通工程建设涉及征地、拆迁、规划报建等大量协调工作，土建需要的设计周期较长，给予机电设计的周期越来越短，很多设计师都是疲于应付，机电设计图纸质量越来越差。机电系统中通风空调和给水排水及消防专业与装修、低压、BAS/FAS等机电系统接口最多，当设计师缺乏经验时，会导致现场出现很多错漏问题，特别是与土建、装修的接口，给现场增加很多整改工程和工作，或现场根本无法整改，系统只能将就土建条件设置，由此带来系统运行效果差或后续运营维护困难等一系列问题。

广州地铁设计研究院股份有限公司承担了广州、北京、天津、南京、西安、成都、武汉、深圳、厦门等40多个城市111条城市轨道交通线路总体总包设计项目，包含地铁、轻轨、城际轨道交通、现代有轨电车、自动导轨系统、中低速磁悬浮等多种类型，设计了600多座车站以及多个车辆基地，在通风空调、给水排水及消防专业设计方面具有丰富的工作经验，积累了大量典型的工程案例。本书旨在总结轨道交通工程环控、给水排水专业在车站、车辆基地、区间给水排水及消防中的典型错漏案例，这些案例来自不同城市的实际工程项目，包括各种不同的设计、施工和运营管理等问题。我们将会深入分析这些错漏案例中的问题和原因，给出整改方案及对后续设计的建议，让年轻的设计师们从这些案例中总结教训，吸取经验，在今后的工程设计中尽量规避这些问题。

我们希望本书能够为读者提供有用的信息和实践经验，限于编者水平，书中尚有不完善之处，恳请广大读者批评指正。最后感谢本书的所有作者和编辑的辛勤工作。

目 录

第1章 概述 ··· 001
1.1 轨道交通通风空调设计概述 ··· 001
1.2 轨道交通给水排水及消防概述 ·· 002

第2章 车站 ··· 005
2.1 通风空调 ··· 005
2.1.1 消防案例 ··· 005
2.1.2 与土建接口问题案例 ·· 021
2.1.3 与装修接口问题案例 ·· 040
2.1.4 与机电接口问题案例 ·· 050
2.2 给水排水及消防 ·· 057
2.2.1 消防案例 ··· 058
2.2.2 给水案例 ··· 068
2.2.3 排水案例 ··· 072
2.2.4 与土建接口问题案例 ·· 085
2.2.5 与机电接口问题案例 ·· 088
2.3 自动灭火系统 ··· 095
2.3.1 气体灭火系统案例 ··· 095
2.3.2 细水雾系统案例 ·· 101

第3章 车辆基地 ··· 106
3.1 通风空调 ··· 106
3.1.1 土建接口问题案例 ··· 106
3.1.2 机电接口问题案例 ··· 114
3.2 给水排水及消防 ·· 117
3.2.1 消防案例 ··· 117
3.2.2 给水案例 ··· 119
3.2.3 排水案例 ··· 121
3.2.4 与土建接口问题案例 ·· 124
3.2.5 与机电接口问题案例 ·· 127

第 4 章 区间给水排水及消防	131
4.1 消防案例	131
4.2 排水案例	134
4.3 接口问题案例	147
附录：案例索引	155

第1章 概述

1.1 轨道交通通风空调设计概述

通风空调作为城市轨道交通中重要设备系统之一，负担着轨道交通内部空间空气温度、湿度、空气流速、空气压力、空气品质、防灾等方面控制的任务，轨道交通通风空调专业按服务区域及主要功能可分为以下几个部分。

1. 隧道通风系统

隧道通风系统分为区间隧道通风系统和车站隧道通风系统两部分。

列车正常运营时应能排除隧道内的余热、余湿和满足隧道内换气次数和温度的要求；列车阻塞时应能向阻塞区间提供一定的通风量，控制隧道温度，以满足列车空调器仍能正常运行的要求；列车火灾时应能及时排除烟气和控制烟气流向，诱导乘客安全撤离火灾区域。

2. 车站公共区通风空调系统

车站公共区通风空调系统（简称车站大系统）在正常运营时，为乘客提供过渡性舒适环境；当车站公共区发生火灾时，车站大系统（可与其他系统协调动作，例如隧道通风系统）应能迅速排除烟气，同时为乘客提供一定的迎面风速，诱导乘客安全疏散。

3. 设备管理用房通风空调系统

设备管理用房通风空调系统（简称车站小系统）在正常运营时，为地铁工作人员提供舒适的工作环境及满足设备良好的运行环境条件；当车站管理、设备用房区发生火灾时，应能排除烟气或隔断火源、烟气，并保持局部区域的相对正压。

4. 空调冷源系统

空调冷源系统负责向车站大小系统提供进行空气处理所需要的符合温度和流量要求的冷冻水，并能根据负荷变化进行流量调节，实现节能运行。

5. 通风空调控制系统

通风空调控制系统对通风空调专业所有设备进行监控，由工作站、控制器、传感器、执行器、通信网络等组成，与通风空调系统设备一起共同实现系统的环境控制、能耗管理、防灾及智能运维功能。

从上述系统的功能上可以看出，以满足乘客出行为目的的城市轨道交通，正常时为乘客和工作人员营造一个安全良好的内部空气环境，火灾时应能及时排除烟气和控制烟气流向，诱导乘客和工作人员安全撤离火灾区域，这是保证轨道交通开通运行的必要基础条件。通风空调系统与其他专业的接口贯穿于项目设计的整个过程，接口数量众多，主要涉及以下几个专业。

1. 与动力配电的接口

需要提供通风空调系统设备配电要求(包括设备启动方式、用电量、负荷等级)、设备平面布置、设备控制要求、界面划分等。

2. 与控制系统的接口

通风空调专业提供通风空调设备监控要求及工艺模式图,并要求轨道交通智能运行平台能实现对列车准确停车位置的判断,以便正确执行区间火灾模式。

3. 与土建的接口

主要内容包括:明确车站设计范围通风空调用房的设置,控制用房规模,提出防火防烟要求;落实结构孔洞及空间层高要求;提供大型通风空调设备安装运输通道要求;提供通风空调预埋件、预留孔洞的位置及尺寸等;落实越行车站及隧道泄压措施设置要求。

4. 与给水排水系统的接口

通风空调专业提供设备用水量、冷却水量、排水要求。

5. 与火灾自动报警系统的接口

由通风空调系统提供消防专用的防排烟风机、联动风阀及防火阀位置及监控要求。

6. 与站台门的接口

隧道通风系统提供列车正常运行时的隧道内压力变化范围,及最不利工况下的隧道内最大及最小压力,并提供火灾工况站台门的开启数量和位置。站台门系统在正常运行工况下及列车越行工况下开关门的设计应满足隧道压力变化要求,事故工况应能根据隧道通风系统要求对站台门进行控制。

7. 与信号系统的接口

通风空调系统提供车站两端的机械风口、疏散救援定点的机械风口和中间风井机械风口的里程,信号系统在设计轨道区段时,确保信号轨道区段不跨越车站两端的机械风井和长区间中间风井。

1.2 轨道交通给水排水及消防概述

给水排水及消防系统是轨道交通工程的重要组成部分,为轨道交通工程安全运营提供必不可少的配套设备及设施。根据系统组成及功能,主要分为以下子系统。

1. 给水系统

给水系统主要负责为轨道交通线路沿线建(构)筑物提供生产、生活及消防水源,同时满足工程对水量、水压和水质的要求。一般给水水源采用城市自来水,当沿线无城市自来水时,应采取其他可靠的给水水源。

给水系统应充分利用市政压力供应生产、生活用水,压力不足时应设置二次供水设施。

2. 排水系统

排水系统分为污水、废水及雨水系统,主要负责分类收集轨道交通线路沿线建(构)筑物在运营过程中产生的各种污水、废水和雨水,并确保达标排放。

一般各类污水、废水和雨水直接排入市政排水管网,当市政排水管网不满足排放要求时，应设置处理设施，处理达标后排放或回用。

3. 消防系统

消防系统由水消防系统、自动灭火系统及灭火器等组成，主要负责为轨道交通线路沿线建（构）筑物提供必要的消防保护，迅速有效地扑灭各类火灾，以保证轨道交通工程的正常运营。

一般水消防系统包括室内外消火栓及自动喷水灭火系统，自动灭火系统包括高压细水雾、IG541气体灭火系统，灭火器包括磷酸铵盐干粉、水基型手提或推车式灭火器。

从上述系统功能及组成可以看出，给水排水及消防系统与周边市政配套条件紧密相关，同时与建筑、通风空调、低压配电、轨道、监控及市政给水排水等系统或专业密切联系，接口关系较为复杂，主要涉及以下专业。

1. 与建筑专业的接口

给水排水及消防专业提供相关设备用房面积及布置要求，消火栓箱、细水雾阀箱等主要部件的安装位置、各类管道孔洞及预埋件要求，并配合建筑专业完成各类排水的有组织导向、收集。

2. 与通风空调专业的接口

通风空调专业提供冷冻水、冷却水的补水量、补水及用水位置、服务水头的要求，给水排水及消防专业负责按通风空调专业要求提供各类用水。

接口分界在各补水点检修阀门，而补水的控制阀门由通风空调专业设计。

3. 与低压配电专业的接口

给水排水及消防专业的设备电源由低压配电专业提供，各类金属管道及设备安全接地由低压配电专业实现。

给水排水及消防专业提供设备的布点、功率、负荷等级、控制要求。

接口分界在配电箱馈出端，管道接地分界在各处接地母排馈入端。

4. 与轨道专业的接口

所有穿越道床及道床回填层（不包含结构层）的排水明沟、给水排水管道需由轨道专业负责预埋。

给水排水及消防专业提供所有穿越道床及道床回填层的给水排水管道、沟槽的里程、尺寸及连接方式，轨道专业提供接入点控制标高。

5. 与火灾自动报警系统的接口

给水排水及消防专业的消防增压设施受FAS系统监控，消火栓处的报警按钮、信号阀的启闭状态受FAS系统监视。

给水排水及消防专业提供消防增压设施、消火栓、信号阀等的布点，FAS系统实现相应的监控功能。

接口分界点在消防增压设施控制箱的馈线端，及信号阀门的信号馈出端。

6. 与环境与设备监控系统的接口

给水排水及消防专业的各类非消防设备、各泵站水池水位受BAS系统监视，车站、区间主排水泵、区间消防接管的电动阀门受BAS系统控制。

给水排水及消防专业提供设备的布点及控制要求。

接口分界点在设备（包括控制水位）控制箱的馈出端，其中电动阀门在各类设备的馈线端。

7. 与市政给水排水系统的接口

给水水表组（含）至市政给水接管点由市政给水排水系统设计，水表组下游的管道由给水排水及消防专业设计；接口分界点在水表组内最后一个阀门出口处。

排水压力井（含）至市政排水接管点由市政给水排水系统设计，压力井上游的管道由给水排水及消防专业设计；接口分界点在压力井。

第 2 章 车站

车站是轨道交通的主要工程，通风空调和给水排水是车站较为重要的两个机电专业，与土建、装修、其他机电专业都有接口，因此车站错漏案例主要发生在消防以及与土建、装修、机电接口这几个方面。

2.1 通风空调

车站通风空调典型错漏案例主要从消防、土建、装修、机电四个方面分类，共有 55 个案例，其中消防问题 17 个案例，与土建接口问题 18 个案例，与装修接口问题 9 个案例，与机电接口问题 11 个案例。每个方面的案例都按照从站外到站内、从设计到施工的顺序归类。

消防常见问题主要出现在排烟风井与出入口或与其他风井设置间距不满足规范、防排烟设施设置错误（包括出入口排烟系统、排烟口、排烟阀、防火阀、余压阀等）、装修形式影响排烟效果、消防设施安装不满足规范等方面；与土建接口常见问题主要出现在两专业互相提资未确认落实而导致室外设备（冷却塔、冷却水管、多联机）设置出现问题，设备管线设置与梁柱冲突问题，设备安装空间不足、维修空间不足等方面；与装修接口问题主要出现在地面机房、设施与周边景观的协调，装修吊板与风口、管线冲突导致净高不足等方面；与机电接口问题主要出现在风口、管线布置未执行其他专业要求，或与其他机电专业设备管线冲突，设备启动、连锁、设备安装未考虑检修空间等方面。解决方案按照先检查是否违反规范，再结合现场实际情况按工程代价最小的原则解决。案例总结是反思如何在设计阶段尽量避免，尽量在图纸上把具体接口和要求表达清楚，通过标准化提资、标准图来统一具体做法。

2.1.1 消防案例

案例一 风井布置未充分考虑与出入口关系，导致烟气倒灌

1. 问题描述

广州地铁 6 号线二期某站，A 端排风井正对出入口，如图 2.1.1-1 所示。虽然满足规范要求的不小于 10m，但消防验收进行站台火灾热烟测试时，烟气从排风井倒灌进出入口，导致通道和站厅的烟感报警（图 2.1.1-2）。

2. 分析原因

该敞口排风井正对出入口，距离只有 10.64m。放烟时间为 12 月，虽然设计时考虑广州地区常年主导风向为东南风，但当天正好刮北风，且风很大，出入口正在排风井的下风侧。

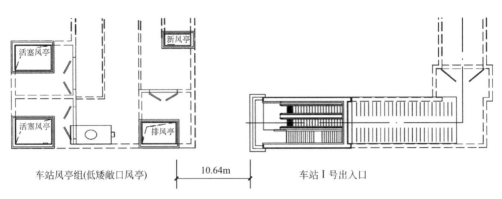

图 2.1.1-1　某站风井与出入口相对关系图

图 2.1.1-2　现场防烟风井烟气倒灌出入口图

3. 解决方案

排风亭与出入口之间设置挡板，阻挡烟气倒灌；然后迅速排查其他线路排烟风亭与出入口是否存在类似问题，通过调整风亭位置或加种高大绿篱进行遮挡。

4. 案例总结

属于设计经验不足问题。虽然排风亭与出入口的间距满足规范规定的 10m 要求，但建筑专业未意识到两者正对容易造成烟气倒灌问题。环控专业应充分与建筑专业沟通解释公共区的排烟模式，当公共区排烟时，出入口是补风口，为负压，两者正对时烟气容易倒灌。后续新线要求敞口排烟井不能正对出入口，尽量布置在新风亭、出入口的下风向且应错开布置，避免烟气倒灌；若不能错开，则距离至少大于20m。风亭四周应设绿篱，尽量考虑种植高大树木进行遮挡。

> **案例二** 地铁风井与物业风井合建设置，不满足消防要求

1. 问题描述

广州地铁18号线某站，换乘通道与敏捷广场合建，土建结构由敏捷集团代建，地铁风井未与物业风井分隔开，不满足相关消防部门验收要求；同时施工单位未按图施工，换乘通道排烟风室未通过土建夹层与排烟风井连接，换乘通道排烟风机无法排烟。

2. 分析原因

根据消防部门要求，物业和车站的消防设施应独立设置，各自单独消防报建和验收。设计没有了解当地消防要求，认为同属排烟风机可合并设置，导致设计不满足消防要求。土建单位未按图施工，特别是合建部分的土建设施，设计人员应严格审查代建单位提供的图纸，确保功能满足设计要求。

3. 解决方案

根据现场土建情况修改设计，与物业合建的排风井内增设隔墙进行分隔，实现物业和地铁排风井各自独立设置；同时土建单位按图纸整改，实现排烟风室与排烟风井连接。合建风室及风井图如图2.1.1-3所示。

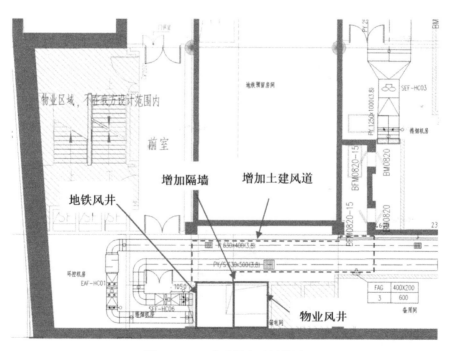

图 2.1.1-3 合建风室及风井图

4. 案例总结

对于项目所在地物业和地铁合建消防设施的设置原则，设计师应当充分了解，物业和地铁车站的风井一般应独立设置，避免影响地铁消防报建和验收。对于合建部分物业公司

代建内容，设计师应通过提资形式清晰表明地铁建设的相关要求，并要求审核、会签代建单位的设计图纸。代建完成后移交给地铁公司时，地铁车站设计、业主应和代建单位设计、业主一起组织验收确认。

案例三 车站两个出入口连接通道长度超过60m未设置排烟设施

1. 问题描述

车站出入口从主体出来在马路两侧各设置一个出入口到地面（图2.1.1-4），第一个靠近主体出入口，通道长度未超过60m，但第一个出入口到第二个出入口之间地下段长度超过60m，但设计未设置排烟设施，运营不同意通过验收，要求按《地铁设计规范》GB 50157—2013增设排烟设施。

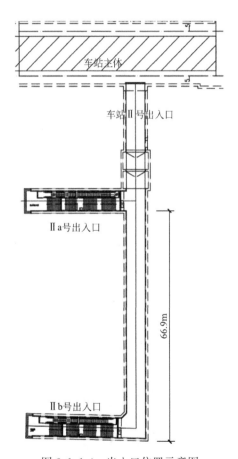

图2.1.1-4 出入口位置示意图

2. 分析原因

设计认为两个出入口之间为地下过街通道，根据现行《城市人行天桥与人行地道技术规范》CJJ 69—95和《建筑设计防火规范》（2018年版）GB 50016—2014不需要设置防排烟系统。但运营验收时认为，该通道为运营公司运营管理，不属于市政过街通道，应该按照《地铁设计规范》GB 50157—2013第28.4.3条第2款"连续长度大于60m的地下通道和出入口通道应设置机械排烟设施"进行设计。

3. 解决方案

根据运营要求，增设长通道的排烟风机及相应的管路附件。

4. 案例总结

设计应确认该长通道是市政过街通道还是地铁长出入口通道，如果政府明确为过街通道，由市政部门运营管理，设计可按照《城市人行天桥与人行地道技术规范》CJJ 69—95 和《建筑设计防火规范》（2018 年版）GB 50016—2014 进行设计。如果该出入口为地铁方面建设运营，则应按照《地铁设计规范》GB 50157—2013 第 28.4.3 条第 2 款设置机械排烟设施。

案例四 排烟风口未设置在储烟仓内

1. 问题描述

在 9 号线一期试运营前的消防专项审查中，专家提出部分车站站台、站厅机械排烟口未设置在储烟仓内。

2. 分析原因

当时正处在新规范执行过渡期，《建筑防烟排烟系统技术标准》GB 51251—2017 第 4.4.12 条第 2 款要求排烟口应设在储烟仓内。《地铁设计防火标准》GB 51298—2018 第 8.1.7 条要求挡烟垂壁或划分防烟分区的建筑结构应为不燃材料且耐火极限不应低于 0.50h，凸出顶棚或封闭吊顶不应小于 0.5m。

车站挡烟垂壁常规做法是基本按板下 500mm 高度设置，站厅挡烟垂壁下缘高度约 4.0m，站台挡烟垂壁下缘高度约 3.95m，公共区排烟风口大部分设置在风管底部，公共区排烟风管底标高多数在 3.3~3.8m，造成机械排烟口未设置在储烟仓内。

3. 解决方案

通过增加挡烟垂壁的高度满足排烟口底边距挡烟垂壁下沿的垂直距离不小于 0.5m。

4. 案例总结

对新线挡烟垂壁与排烟风口设置提出要求：挡烟垂壁的整体高度不应小于空间净高的 10%，且不应小于 500mm。当车站公共区实施装修时，挡烟垂壁在满足上述高度的前提下，下边缘建议与吊顶平齐；当车站无装修时，挡烟垂壁在满足上述高度的前提下，挡烟垂壁应低于排烟风口最下缘 500mm 标高处。排烟风管应尽量高位布置，排烟口应位于储烟仓内，排烟口底边距挡烟垂壁下沿的垂直距离不应小于 0.5m。

案例五 车站设备区内走道排烟口设置过少，导致排烟效果差

1. 问题描述

广州地铁 7 号线一期工程某站，设备层 A 端内走道放烟时，排烟效果较差（图 2.1.1-5）。

2. 分析原因

该走道长约 74m，按规范计算排烟量设置 3 个下开排烟口，总数量偏少且排布不均，加上排烟管位于综合管线最上层，下方管线对排烟口有一定遮挡。

3. 解决方案

在走道管线不太密集处增设排烟口，将原来被管线遮挡的下排风口改为侧排，侧排排烟口周边无管线遮挡。

图 2.1.1-5　设备区内走道排烟测试

4. 案例总结

设计需合理规划走道管线，走道排烟口设置位置不能被其他管线遮挡，尽量利用走道管线的检修空间侧开排烟口，保证排烟口四周 500mm 范围内无其他管线（图 2.1.1-6）。

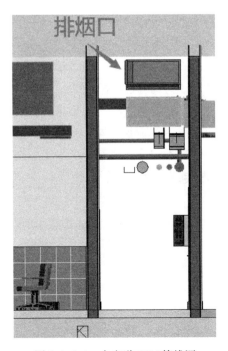

图 2.1.1-6　内走道 BIM 管线图

案例六　未按规范要求在排烟支管或常闭排烟口上设置排烟防火阀

1. 问题描述

南宁地铁4号线一期工程车站出入口通道和设备区的防烟分区最大允许面积和长边最大允许长度划分按《建筑防烟排烟系统技术标准》GB 51251—2017中4.2.4条相关要求执行，但部分车站未按照该标准中4.4.10条第2款要求，即一个排烟系统负担多个防烟分区的排烟支管上应设置排烟防火阀，如图2.1.1-7、图2.1.1-8所示。

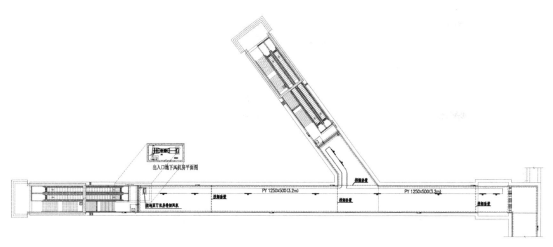

图2.1.1-7　出入口通道排烟系统平面图

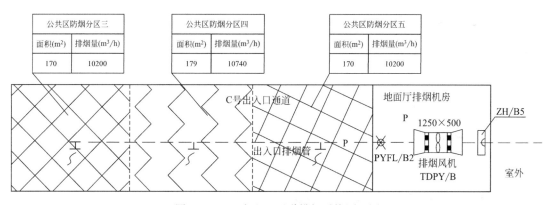

图2.1.1-8　出入口通道排烟系统原理图

2. 分析原因

设计人员执行新规范时，未全面梳理规范条文要求，只执行了部分条文要求。

3. 解决方案

增加排烟支管上的排烟防火阀。

4. 案例总结

执行新发布执行的规范时，应全面梳理所有条文要求及条文说明，对于新规范与现行

《地铁设计规范》GB 50157、《地铁设计防火标准》GB 51298 条款差异较大，对原设计影响较大时，应上报院审和建设部门组织审查，确定执行原则和执行方案。

案例七　装修吊顶的形状影响排烟效果

1. 问题描述

福州地铁 4 号线某站公共区吊顶部分实板位置采用三角锥吊顶，消防验收时有关部门提出可能形成烟窝，从而导致三角锥处烟气无法及时排走，待烟气下沉时可能影响人员疏散（图 2.1.1-9）。

图 2.1.1-9　公共区装修现场实拍图

2. 分析原因

三角锥形容易形成天然的小型储烟仓，且附近无排烟口会导致烟气聚集，随着烟气温度的下降烟气下沉，不利于人员的疏散。

3. 解决方案

车站装修已全部完成施工安装，为了车站整体的装修效果，现场装修已无条件整改。调整排烟风管位置及在附近增设排烟口，加大排烟量。

4. 案例总结

后续设计中，应提资装修专业避免采用内凹型吊顶板，若装修造型无法更改，应采用通透型吊顶。

案例八　排烟风机入口处的排烟防火阀未实现与风机连锁

1. 问题描述

排烟防火阀关闭时，其未联动排烟风机和补风机，经核实属于空调专业未提资低压专业。

2. 分析原因

属于未落实规范要求问题。不满足《建筑防烟排烟系统技术标准》GB 51251—2017 第 5.2.2 条"排烟防火阀在 280℃时应自行关闭，并应连锁关闭排烟风机和补风机。"

3. 解决方案

向低压专业补充提资内容：由低压专业实现排烟风机入口处的排烟防火阀与排烟风机、补风机的连锁；排烟防火阀关闭时连锁关闭排烟风机及补风机。

4. 案例总结

设计应正式提资给低压专业，由低压专业落实连锁要求。

案例九 车站垂梯与楼扶梯之间空隙未做封堵

1. 问题描述

苏州地铁 5 号线某站，站厅与站台公共区之间设置有垂梯和楼扶梯。现场安装完成后，在垂梯和楼扶梯之间预留有较大的安装空隙，未进行防火封堵，站台放烟时窜烟到站厅（图 2.1.1-10）。

图 2.1.1-10　公共区垂梯与楼梯间距较大

2. 分析原因

施工单位未按照封堵图做好封堵。

3. 解决方案

施工单位按图进行封堵（图 2.1.1-11），满足规范要求。

图 2.1.1-11 封堵垂梯与楼梯缝隙

4. 案例总结

楼扶梯洞口四周是装修封堵最容易遗漏的部位，且经常封堵不完整。装修专业施工图应出楼扶梯洞口的防火封堵参考图，在图纸会签和施工交底时应重点交代；施工配合时应重点检查该部位是否封堵，以及是否完整。

案例十　楼梯间余压阀的设置位置要避开加压送风口

1. 问题描述

广州地铁 18 号线某站，设备区的楼梯间机械加压送风口与设置的余压阀间距过近（图 2.1.1-12），导致短路，楼梯间正压无法建立。

2. 分析原因

设置楼梯间加压送风系统时，加压风口的布置与余压阀的设置位置较随意，未结合建筑楼扶梯剖面图设计，导致余压阀与加压送风管过近，形成气流短路。

3. 解决方案

调整余压阀至楼梯间平台上侧的设置，避开加压风口。

4. 案例总结

对于层高较高的车站，楼梯间台阶及平台设置较多，当楼梯间采用机械加压时，加压风管与余压阀应结合建筑楼梯间剖面图设置，避免气流短路。

图 2.1.1-12 现场楼梯间余压阀安装图

案例十一 余压阀安装位置不当,影响楼梯间的疏散

1. 问题描述

福州地铁 2 号线某站,站台层余压阀的安装位置位于楼梯间的转角处,位置过低占用了楼梯间的疏散空间(图 2.1.1-13),导致楼梯间疏散距离不满足规范要求。

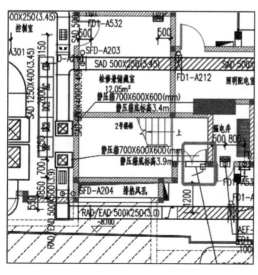

图 2.1.1-13 余压阀现场安装位置

2. 分析原因

设计考虑不周，余压阀安装位置直接定位在疏散路径上，没有考虑余压阀安装所需空间。

3. 解决方案

调整余压阀安装高度，避开人员疏散的路径。

4. 案例总结

设计需充分考虑阀门安装位置对疏散路径的影响，尽量选在非人员疏散的路径上。

案例十二 楼梯间加压送风时，楼梯间的疏散门无法打开

1. 问题描述

广州地铁 18 号线某站为地下三层车站，大端设备区疏散楼梯间为扩大防烟楼梯间，设备区多个房间或走道通往扩大防烟楼梯间。扩大楼梯间设置一套加压送风系统，与楼梯间连通的房间及走道均设置泄压阀，如图 2.1.1-14 所示。消防测试时发现楼梯间的防火门较难打开。

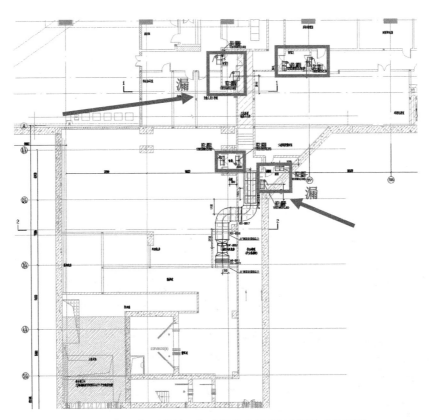

图 2.1.1-14 加压送风口与疏散防火门/泄压阀相对关系图

2. 分析原因

（1）经核实，现场有两个前室漏装泄压阀，且消防测试期间，运营人员为方便管理，将楼梯间内通向地面的人防门完全关闭锁死，导致设置在安全出口地面顶部的泄压阀无法

发挥泄压作用。

（2）加压送风系统的送风口距离防火门太近，导致防火门两侧压差过高。

3. 问题解决

前室漏装的泄压阀按图补充安装；同时协调运营人员将楼梯间内人防门打开，保证疏散通道畅通，使安全出口顶部泄压阀可发挥泄压作用。

4. 错漏分析及总结

属于设计经验不足问题。虽然规范对加压送风口与疏散防火门的间距无要求，但加压送风口离疏散防火门太近的话，容易导致防火门两侧压差过高，防火门开启力矩不足以克服压差，造成疏散防火门开启困难。同时应注意加压送风口与泄压阀的距离，加压送风口应尽量远离泄压阀所在位置且宜均匀布置，避免加压送风短路，保证扩大楼梯间整个空间的正压均匀分布。

案例十三　防火阀未按图纸要求安装

1. 问题描述

防火阀未距墙 200mm 以内安装；防火阀未独立设置支吊架（图 2.1.1-15）。

图 2.1.1-15　防火阀未独立设置支吊架

2. 分析原因

属于未落实规范要求问题。不满足《通风与空调工程施工规范》GB 50738—2011 第 7.3.6 条：边长（直径）大于或等于 630mm 的防火阀宜设独立的支吊架。

3. 解决方案

按要求增设防火阀单独支吊架。

4. 案例总结

在施工交底时需对消防类问题进行强调，并在施工配合中及时关注发现。

案例十四　风管穿越防火墙两侧未采取防火保护措施

1. 问题描述

风管穿越防火隔墙时，防火阀两侧2m范围内未采取防火保护措施（图2.1.1-16）。

图2.1.1-16　风管穿越防火隔墙现场安装图

2. 分析原因

属于未落实规范要求问题。不满足《建筑设计防火规范》（2018版）GB 50016—2014第6.3.5条（强条）之规定："风管穿过防火隔墙、楼板和防火墙时，穿越处风管上的防火阀、排烟防火阀两侧各2m范围内的风管应采用耐火风管或风管外壁应采取防火保护措施，且耐火极限不应低于该防火分隔体的耐火极限。"

3. 解决方案

将防火阀两侧2m范围内的风管改为耐火风管。

4. 案例总结

第6.3.5条为规范强条，穿越墙体的风管设置防火阀就是防止烟气和火势蔓延到不同区域。在阀门之间的管道采取防火保护措施，可保证管道不会因受热变形而破坏整个防火分隔的有效性和完整性。

案例十五　专用防排烟风机未按规范安装

1. 问题描述

杭州地铁3号线，专用防排烟风机设置了金属或橡胶减振器；风机与风管间设置软接；风机未采用抗震支吊架或支吊架未进行抗震计算。现场如图2.1.1-17所示。

图 2.1.1-17　专用防排烟风机现场安装图

2. 分析原因

属于未落实规范要求问题。不满足《建筑防烟排烟系统技术标准》GB 51251—2017 第 6.3.4 条"当风机仅用于防烟、排烟时，不宜采用柔性连接"和第 6.5.3 条"风机应设在混凝土或钢架基础上，且不应设置减振装置"的要求。

3. 解决方案

专用防排烟风机直接固定在混凝土或钢架基础上，并与风管采用直接连接；风机采用抗震支吊架安装或采用满足抗震计算的支吊架（图 2.1.1-18）。

图 2.1.1-18　整改后安装图

4. 案例总结

专用防排烟风机应按照《建筑防烟排烟系统技术标准》GB 51251—2017 规范安装，设计应在图纸说明中强调，并在施工交底中说明具体哪些排烟风机需要直接固定安装，并与风管直接连接。

案例十六 防烟防火阀复位控制箱影响疏散宽度

1. 问题描述

福州地铁 2 号线部分车站，防烟防火阀和气体灭火控制箱的箱体影响内走道的疏散宽度（图 2.1.1-19），不符合《地铁设计规范》GB 50157—2013 第 28.2.10 条"设备与管理用房区房间单面布置时，疏散通道宽度不得小于 1.2m，双面布置时不得小于 1.5m"的规定。

图 2.1.1-19 控制箱优化前的布置方案

2. 分析原因

设计时未考虑箱体占用内走道疏散宽度。

3. 解决方案

巡检发现这个问题时，车站设备区砌墙施工基本已经完成了，部分车站防烟防火阀和气体灭火控制箱接线槽也已敷设完成。为保证内走道疏散宽度的要求，同时尽量不要影响砌墙专业，现场首先考虑调整控制箱体的安装位置，调整箱体的接线路由；对于部分无法通过调整控制箱体安装位置满足疏散宽度的车站，可采取砌墙开槽，控制箱嵌墙安装的解决方案（见下页图 2.1.1-20）。

4. 案例总结

设计应及时与土建、装修专业配合，提资箱体的位置和尺寸，土建做好布置，避免影响疏散通道宽度；装修可采用嵌墙安装方案，根据设备控制箱的位置和尺寸进行局部开槽，箱体装在槽内，避免影响走道疏散宽度。

案例十七 站厅公共区冷烟测试时，新风道内有烟气窜入

1. 问题描述

佛山地铁 3 号线首通段部分车站在消防验收前进行站厅公共区冷烟测试时，新风道内有少量烟气窜入。

图 2.1.1-20　案例十六控制箱优化后的布置方案

2. 分析原因

问题原因有：①排烟风管穿越新风道，在新风道隔墙处设置防火阀，防火阀位于新风道侧，框体因与穿越隔墙的排烟风管段连接不紧密，导致烟气从连接处的缝隙逸出；②变形缝排水明沟贯穿新排风道隔墙，测试烟量多、冷烟密度大，烟气由排风道经排水明沟窜烟到新风道；③弱电线槽穿越新风道隔墙处，线槽内未做封堵，造成窜烟。

3. 解决方案

检查新风道内烟气泄漏的位置，紧固风阀连接处，横穿排风道的排水明沟增设盖板，新风道隔墙处弱电线槽槽内进行防火封堵。

4. 案例总结

设计阶段应尽量把防火阀设置在排风道侧，排水明沟应尽量避免横穿新风道隔墙，如果横穿应设置盖板。其他管线穿越处应做好防火封堵，施工配合时，应重点检查各类管线穿墙处的防火封堵。

2.1.2　与土建接口问题案例

案例一　冷却水管标高高于冷却塔集水盘

1. 问题描述

施工图阶段初期，广州地铁 6 号线某站东端风亭北侧设置下沉式冷却塔，埋地式冷却水管横跨出入口结构顶板,从活塞风亭至车站冷水机房,由于出入口结构顶板上方覆土1.4m,设计埋地冷却水管埋深标高为覆土以下1m,冷却塔布置位置如图2.1.2-1所示。随着工程施工深入及用地协调,冷却塔设置位置调整至东端风亭的西侧(见下页图2.1.2-2)。

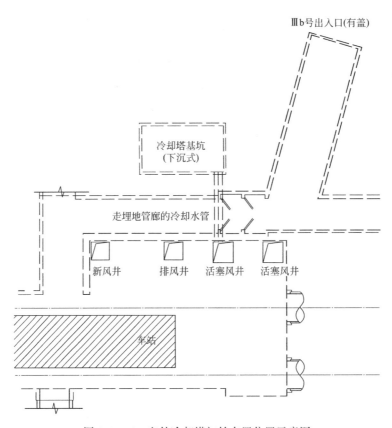

图2.1.2-1 室外冷却塔初始布置位置示意图

由于东端新排风亭之间设置了埋地消防水池,出入口阴影区域结构顶板标高上抬0.5m,图2.1.2-2中出入口阴影部分结构顶板上方覆土厚度只有0.9m,除阴影部分的出入结构顶板,其他区域覆土深度为1.4m。施工单位在施工冷却塔基础和安装冷却塔后,在开挖出入口上方覆土敷设冷却水管时,才发现出入口上方阴影区域覆土深度只有0.9m,冷却水管中心标高埋深只能在地下0.75m,导致冷却水管标高高于冷却塔集水盘(地下1m),满足不了冷却水重力回水要求。

2. 分析原因

在建筑专业变更冷却塔设置位置时,未向环控设计说明出入口阴影区域结构顶板上方覆土深度变化,环控设计以为整个出入口结构顶板覆土深度均为1.4m,默认冷却水管埋地深度还是地下1m,按此条件配合建筑专业出冷却塔基坑移位变更图而导致问题发生。

3. 解决方案

为了满足冷却水重力回水要求,重新把冷却塔基础加高0.3m,冷却塔集水盘标高由

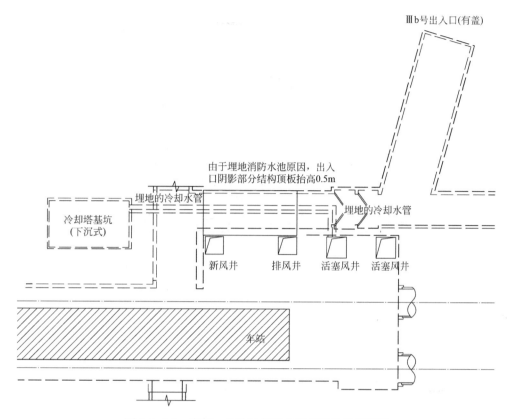

图 2.1.2-2 案例一室外冷却塔最后布置位置示意图

地下 1m 变成地下 0.7m,以此满足冷却塔集水盘标高高于冷却水管标高的要求。

4. 案例总结

属于机电与土建配合设计接口疏漏问题。土建条件发生改变,土建设计应正式提资给环控设计,交代变化内容,并要求机电专业返资确认,同时土建附属施工图出图时,机电专业应签字确认。

案例二 冷却水管标高高于冷却塔集水盘的高度(运营调试阶段)

1. 问题描述

福州地铁 2 号线某站,在后期运营调试阶段,发现冷却塔运行时出现循环水倒空、冷却塔集水盘溢水情况,系统无法正常运行(图 2.1.2-3)。

2. 分析原因

该站位于某风景区范围内,车站冷却塔采用下沉式设计来避免对风景区景观的影响,基坑位于 1 号风亭组的活塞风亭旁。为减少土建开挖成本及方便后期水管维修更换,从风井到冷却塔基坑一段的空调水管标高为地下 1m。经现场勘查,发现因为冷却塔供水管(冷却塔往冷水机组方向)埋地标高大于冷却塔集水盘的安装高度,水管出现 U 形弯,导致空调系统停止运行时,冷却循环水会从集水盘中溢出,出现倒空现象。当空调水系统再次开机运行时,空气会进入循环水系统,导致系统无法正常运行。

图 2.1.2-3　冷却塔集水盘溢水

3. 解决方案

由于已经处在运营调试阶段，现场已无时间和条件抬高冷却塔基础的高度。为保证空调水系统正常运行，只能在供水管（冷却塔往冷水机组方向）上增设止回阀、电磁阀和水流开关，采取定时补水和排气的措施。具体方案如下。

（1）自动补水：在冷却塔补水管道上设置一个水流开关，同时在冷却塔供水管（冷却塔往冷水机组方向）设置压力传感器。水流开关设置为定时开启，在每天空调水系统运行前的一段时间内进行自动补水，当水系统压力达到设定值后，压力传感器反馈信号至BAS，BAS 发出关闭水流开关的指令，完成系统补水。

（2）自动排气：在水系统高处设置电磁排气阀，电磁阀可通过 BAS 实现远程开启、关闭控制功能。当水系统补水完成后，BAS 发出指令，关闭电磁排气阀，防止系统运行时，空气经排气阀进入系统。目前该站冷却塔及空调水系统能正常循环运行，满足设计要求。

4. 案例总结

下沉式冷却塔设计要保证冷却水供水管标高整体安装不能高于冷却塔集水盘布置，避免冷却水供水出现倒空、倒吸现象。

案例三　冷却塔出水管及膨胀水箱标高低于冷却水泵入口标高

1. 问题描述

广州地铁某线路车站初步设计方案中，采用下沉式冷却塔，冷水机房位于车站的顶板覆土夹层内，由于车站所在地面标高与冷却塔所在地面标高存在高差，采用下沉式冷却塔后，冷却塔水盘标高、膨胀水箱标高均低于冷却水泵入口水管标高，可能会导致：①系统停运时，冷水却从水泵倒流回冷却塔，从而导致冷却水盘的水溢出；②膨胀水箱没有位于冷冻水系统的最高点，无法起到定压补水的作用。冷却塔与机房位置关系如图 2.1.2-4 所示。

图 2.1.2-4 冷却塔与机房位置关系示意图

2. 分析原因

环控设计未核对土建下沉式冷却塔基坑标高和冷却水水管管线标高,导致冷却塔水盘、膨胀水箱高于冷水机房内水泵入口。

3. 解决方案

由于尚处于初步设计阶段,有以下两种解决方案。

(1) 与建筑专业配合,调整冷却塔基坑位置,或减少冷却塔基坑下沉深度,或提高冷却塔、膨胀水箱基础高度。

(2) 与建筑专业配合调整车站冷水机房位置,调整至负一层。

最终采用第(1)种方案,与建筑配合减少冷却塔的基坑深度,保证从冷却塔出来的冷却水可以重力坡向冷却水泵入口,膨胀水箱定压点应高于冷冻水系统管线最高点,且高出至少 3m 以上。

4. 案例总结

属于设计对于水系统的原理和水压图理解不够的问题。从冷却塔出来的冷却水应能顺坡坡向冷却水泵入口,对于膨胀水箱其功能为定压、排气、补水,应采用高位水箱,且水箱与水泵入口之间的高差要能克服该管段的阻力。后续线路中,对于下沉式冷却塔应特别注意此类问题。

案例四 环控提资土建未落实

1. 问题描述

广州地铁 14 号线某站 1 号风亭为左右线的活塞风井、车站的进排风井,均为低矮敞口式风井,该站建筑施工图完成时间为 2015 年 10 月。由于该风亭周边拆迁困难,建筑专业须变更风亭位置以减少拆迁工程量,变更方案主要是缩短了风道长度,从而引起附属环控设备及孔洞布置的调整。环控配合后,土建正式出变更图时未落实环控最新提资内容。配合的建筑变更方案是调整 2 个活塞风井、1 个排风井退缩回主体内,风机相应调整,布置于主体内,风孔也相应调整(图 2.1.2-5)。

2. 分析原因

专业之间提资未有正式工联单,仅通过聊天软件互发附件及文字描述完成提资,存在提资落实不可控,不可追溯,甚至多版次条件互相矛盾等问题。其次,在上游专业出图阶段未正式履行项目组内部会签流程,导致设计阶段未能解决问题。

3. 解决方案

经过反复斟酌,基于现场条件,机电专业对风阀墙、风室、对内消声器、天圆地方、软接等相关设施重新进行优化,取消外侧天圆地方,压缩对内天圆地方长度,使得风机连

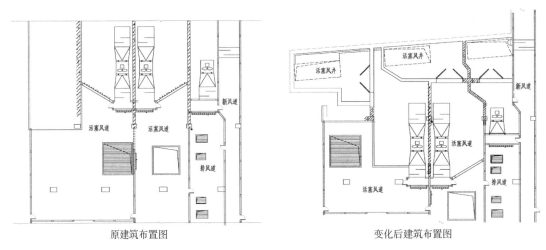

原建筑布置图　　　　　　　　变化后建筑布置图

图 2.1.2-5　某站站厅层变化对比图

起来后的总长度控制在 6305mm 内，尽量利用原有孔洞和现有的土建空间满足隧道通风系统功能。

4. 案例总结

本案例属于设计内部专业配合问题。首先土建专业因外部条件发生变化需变更土建布置时，建筑专业需及时将更新后的最新图纸资料提资机电专业，机电专业再正式反馈提资给建筑专业，土建专业根据机电的反馈提资内容修改图纸之后，再次反馈给机电专业核实是否满足机电专业要求，同时土建专业出图时，机电专业应会签图纸，签字确认后土建专业方可正式出蓝图。

案例五　多联机室外机散热环境差

1. 问题描述

广州地铁 14 号线一期某站为高架站，车站空调采用多联机系统，公共区多联机室外机散热空间不足，多次出现过热保护停机。

2. 分析原因

受土建条件限制，该站公共区多联机室外机设置在车站两端的方形机房内，机房设置有不同朝向的两扇百叶窗进行散热，但机房层高较低，散热空间小，百叶密集，气流无组织，且机组设置了三排，导致多联机室外机冷凝排风在机房内部循环，无法及时有效地排除热量（图 2.1.2-6、图 2.1.2-7）。

3. 解决方案

在多联机出风口处设置导流风管，将室外机排风统一从一侧百叶窗位置排出，另一侧百叶窗引风，从而实现有组织排风，避免气流内部循环（图 2.1.2-8）。

整改后多联机散热条件有所改善，过热保护停机次数明显减少，基本可以实现正常运行。但受土建条件限制，导流风管尺寸较小，压力损失较大，多联机排风量不足，出风温

图 2.1.2-6 多联机室外放置图

图 2.1.2-7 室外机现场安装实拍

图 2.1.2-8 整改后实拍

度较高,需长时间保持高频运行,能效较低。

4. 案例总结

高架站采用多联机系统时室外机所需面积较大,在土建配合阶段应充分考虑室外机的安装空间和散热条件，优先设置在站台层的露天位置，受条件限制设置在机房内时，应保证机组呈单排布置，每个冷凝排风机设置独立的导流风管接至室外。

案例六　下沉式冷却塔布置时未考虑进风要求

1. 问题描述

广州地铁某站冷却塔为下沉式布置，冷却塔尺寸较大，冷却塔厂家及设计布置时均未注意到这个混凝土楼梯（图 2.1.2-9），现场安装后发现冷却塔进风面与楼梯几乎贴上了，不满足冷却塔进风面的距离要求。

图 2.1.2-9　冷却塔现场图片

2. 分析原因

在设备招标完成后，未按设计联络确定的设备尺寸重新核实土建布置条件。

3. 问题解决

将混凝土楼梯变更为钢楼梯，减少楼梯的尺寸，以扩大进风面。

4. 案例总结

前期给土建提资下沉冷却塔坑的尺寸时，应充分考虑冷却塔尺寸、检修空间、接管空间、进风面距基坑壁面距离等要求，应注意设备四周其他设施与设备的距离。设计联络后，应按厂家提供的尺寸重新核对土建条件是否满足布置要求。

案例七　环控与土建配合不到位，导致射流风机安装空间不够

1. 问题描述

7 号线一期工程某站出入段线上的射流风机为挑板上下安装，挑板由土建单位实施，机电安装阶段发现风机安装空间不够，风机无法安装。射流风机安装要求见表 2.1.2-1，安装现场见图 2.1.2-10。

射流风机安装要求（mm）　　　　　　表 2.1.2-1

里程数	左右线	位置	安装蓝图高度	土建图纸高度	现场测量高度	风机安装需要高度
RDK0+645.000	左线	上面	1300	1252	1230	1150
		下面	1300	1060	1080	
RDK0+545.000	左线	上面	1300	1252	1230	
		下面	1300	1060	1080	
RDK0+645.000	右线	上面	1300	1252	1270	
		下面	1300	1060	990	
RDK0+545.000	右线	上面	1300	1252	1100	
		下面	1300	1060	920	

图 2.1.2-10　射流风机安装现场图

2. 分析原因

射流风机的安装条件，环控已给结构提资射流风机挑板位置及尺寸，后期又更新过提资，但结构图纸并未落实最新提资，导致现场条件不满足射流风机安装要求。

3. 解决方案

结合现场条件，需拆除上层挑板，上面的一台风机改用支架安装，以节约空间，保证下面一台风机的安装（图 2.1.2-11）。

4. 案例总结

提资阶段，如果射流风机未招标，环控应根据已开通线路同规格风机的参数进行包容性设计，同时需考虑土建误差，预留足够的安装空间；设计联络后，如果风机安装尺寸发生变化需修改提资，应先核实土建现场实施情况，根据情况确定整改方案。射流风机支架安装时，设计阶段应与限界专业配合，考虑区间线槽是否与风机安装支架冲突。

图 2.1.2-11 整改后现场图

案例八 机电管线布置未考虑远期预留车站土建基坑设备安装条件

1. 问题描述

广州地铁 7 号线某站施工过程中，施工单位发现原 2 号线土建结构为 7 号线预留了垂直电梯基坑，但是有 2 号线风管从基坑正上方穿过，影响了 7 号线垂直电梯的安装（图 2.1.2-12）。

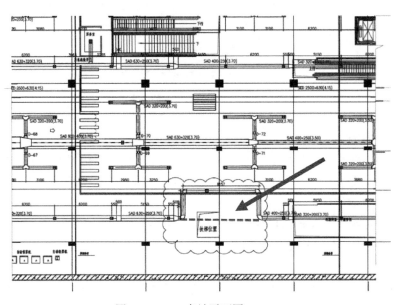

图 2.1.2-12 车站平面图

2. 分析原因

2 号线是先实施车站，应为后期车站预留电扶梯安装基坑条件，但在机电设计时未充分考虑基坑的使用条件。

3. 问题解决

在 7 号线施工时，需要拆除侵占 7 号线垂直电梯上方的风管，调整风管路径避开垂直电梯位置。

4. 案例总结

属于设计经验不足问题，对于换乘车站，先实施车站其管线布置应考虑全面，为后续车站预留设备安装路径、实施条件，预留换乘接口节点改造条件。

> **案例九** 环控机房内大型设备进出风口与构造柱冲突

1. 问题描述

广州地铁 7 号线一期工程某站，车站大系统组合式空调器入口组合风阀被构造柱遮挡（图 2.1.2-13）。

图 2.1.2-13 组合风阀被遮挡

2. 分析原因

由于该站 B 端混风室设置有夹层，结构专业在夹层下方设置有构造柱，在通风空调专业会签结构图纸时，未注意到该构造柱位于组合式空调器入口。

3. 解决方案

虽然对组合式空调器进风面积有一些遮挡，但是不影响其功能，故未拆除。

4. 案例总结

通风空调专业应避免设置夹层，如需设置则提资阶段需绘制剖面图，表达墙体关系；通风空调专业应校核结构图纸，对夹层应重点关注，核实夹层下构造柱、梁是否对设备、风管的安装有影响。内部结构实施完成后，通风空调设计人员应去现场核实夹层、孔洞，及时发现现场问题。

案例十　未核对风道、风室夹层内设置的下翻梁与设备安装冲突

1. 问题描述

佛山 3 号线某站，混风室上方设置夹层，夹层板厚 150mm，夹层下净高 3.0m，施工配合过程中发现该夹层设置下翻梁，混风室隔墙处横梁下翻 600mm，组合式空调机组基础高 200mm，基础处梁下净高仅 2.35m，低于机组进风面顶部 600mm，导致空调机组无法接进混合风室（图 2.1.2-14）。

图 2.1.2-14　机组安装位置处上方有下翻梁

2. 分析原因

建筑专业施工图未体现夹层梁下翻情况，与结构图不一致。

3. 解决方案

组合式空调机组整体向送风侧平移至基础边缘，混风室隔墙与机组进风面之间设置混风段，钢板封堵。

4. 案例总结

土建建筑图应与结构图表达一致，结构专业应会签建筑专业图纸，环控设计应会签结构图，需特别注意夹层风道、风室这些特殊部位。

案例十一　空调水管穿越人防门孔洞预埋位置不合适

1. 问题描述

苏州地铁 5 号线某站，冷却水水管穿越人防临空墙时设置了人防预埋套管，水管穿越人防墙时需设置防护阀门，且防护阀门操作手柄需朝上。因此在与土建配合时，要求预埋套管距板顶留 500mm 以上的间距，但少数车站人防套管贴顶安装或与顶板预留空间不足，导致后续防护阀门无法向上安装（图 2.1.2-15）。

第 2 章 车站

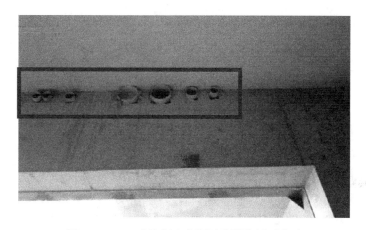

图 2.1.2-15 人防门上方预埋孔洞位置不合适

2. 分析原因

部分车站建筑未按机电提资落实孔洞布置要求，部分车站施工单位未按图施工。

3. 解决方案

改用隐藏阀杆的阀门。

4. 案例总结

机电专业会签建筑专业的孔洞图纸时，不仅要核对预埋套管的位置和数量，还需核实套管孔洞的标高，建筑设计在交底过程中需要特别提醒施工单位注意套管高度问题。

案例十二　车站中板预留专业孔洞过小

1. 问题描述

宁波地铁 3 号线一期部分车站，现场土建预留孔洞尺寸无法满足空调水管穿孔要求。例如出现车站中板孔洞过小，水管无法穿越的情况（图 2.1.2-16）。

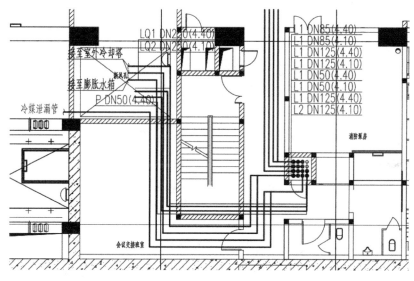

图 2.1.2-16　孔洞图

2. 分析原因

由图 2.1.2-16 可知，该 1000mm×1000mm 的孔洞中需要穿 12 根空调水管，其中 10 根是冷冻水管，需要设置保温，而设计时没有考虑冷冻水管保温层的因素，水管之间的间距过小，使水管安装困难。

3. 解决方案

土建施工单位凿除了部分中板，扩大中板孔洞。

4. 案例总结

属设计错误问题。一般情况下多根水管穿越楼板，通风空调设计在给土建设计提资预留孔洞时按方形孔洞预留，方形孔洞的大小应充分考虑保温水管的保温层厚度及水管的间距要求（按 100～200mm 考虑间距）。

案例十三 车站通风空调设施安装与结构梁冲突

1. 问题描述

宁波地铁 3 号线一期工程出现通风空调设施与土建结构梁冲突的问题：①A 车站楼梯间前室未考虑门上圈梁的影响，导致泄压阀无法安装；②B 车站因未考虑下翻梁的影响，导致风管安装高度与吊顶冲突；③C 车站轨顶风道接轨排风室处设置有下翻梁，导致轨顶风阀无法安装；④D 车站环控机房/冷水机房上部受扶梯基坑影响，层高很低，导致机房管线安装有问题。

2. 分析原因

建筑图与结构图表达不一致，建筑图中仅表示一些主梁，横梁和圈梁或下翻梁在建筑图中没有表达，现场环控管线和设备安装时就造成这些暗梁冲突。

3. 解决方案

（1）调整阀门尺寸以满足安装要求。

（2）通过调整风管尺寸及标高以满足现场安装及公共区吊顶要求。

（3）现场凿除一部分梁以满足风阀安装要求。

（4）机房内管线调整以满足管线安装要求。

4. 案例总结

属于设计与土建接口遗漏问题。结构专业应会签建筑图，及时发现建筑图和结构图表达不一致的问题，环控专业应会签结构图，特别是容易出现暗梁的部位，应与结构专业核实。

案例十四 车站设备区管线复杂影响抗震支吊架安装

1. 问题描述

福州地铁 4 号线部分车站，因为车站设备区走道空间狭窄，管线布置复杂（图 2.1.2-17），在施工安装过程中发现抗震支吊架安装困难，无法与结构主体可靠连接。

2. 分析原因

《建筑机电工程抗震设计规范》GB 50981—2014 第 8.3.9 条"所有抗震支吊架应和结构主体可靠连接"，依据规范规定，抗震支吊架应与结构主体可靠连接，不得安装于非结构主体部位。

图 2.1.2-17　设备区内走道管线实拍

3. 解决方案

（1）现场构造柱和支吊架均没有施工时，调整构造柱位置并加强构造柱的配筋，将侧向抗震支撑连接至构造柱上。

（2）现场构造柱已施工，支吊架没有施工时，对支吊架进行加密设置，将支吊架与构造柱对齐安装，在满足受力的情况下，将侧向抗震支撑连接至构造柱上。

（3）现场构造柱和支吊架都已施工时，现场增加构造柱或加密支吊架布置，在满足受力的情况下，将侧向抗震支撑连接至构造柱上。

设备区内走道管线支吊架安装设计如图 2.1.2-18 所示。

4. 案例总结

属于管综专业和土建配合不到位问题。在综合管线设计阶段应与土建专业配合，通过调整构造柱或加密支吊架的方式，将支吊架与构造柱对齐安装，在满足受力的情况下，将侧向抗震支撑连接至构造柱或结构柱。

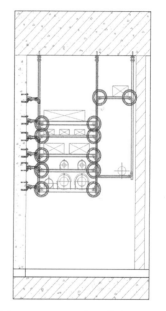

图 2.1.2-18　设备区内走道管线支吊架安装设计图

案例十五　土建施工误差问题导致现场无法按图施工

1. 问题描述

广州地铁 18 号线某站，A 端的组合式空调器设置在站厅层楼扶梯的正下方设备层。由于土建施工原因，楼梯洞口及楼梯板高度出现误差，比图纸高度降低了 500mm，现场组合式空调器上出风风管无法正常安装。

2. 分析原因

该站设备层 A 端组合式空调器原出风形式为上出风，由于土建施工误差，楼梯洞口位置及楼梯板的高度均与建筑、结构图纸不对应（图 2.1.2-19），其中扶梯孔洞向左偏移 820mm，楼梯中部踏步板图纸标高为 4340mm，实测值为 3840mm，存在向下降 500mm 的误差，造成了组合式空调器上的出风风管无法正常安装。

图 2.1.2-19　组合空调器与土建位置关系图

3. 解决方案

根据现场实施情况，当时组合式空调器机组已基本完成安装，故不再对组合式空调器位置进行调整，而是更改组合式空调器的出风形式为侧出风，降低机组出风管的高度，在脱离楼扶梯区域后再进行上翻贴顶板安装。结合综合管线模型对管线进行重新排布，具体调整方案：组合式空调器出风段调整为侧出风形式，风口尺寸为 3600mm×1000mm，风口距离机组底边距离为 2350mm（图 2.1.2-20）。

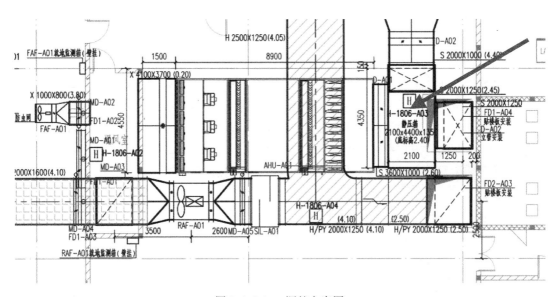

图 2.1.2-20　调整方案图

4. 案例总结

土建施工经常存在误差，设计阶段大型设备尽量少设置在楼扶梯下的三角空间区域中。另外机电施工单位进场前，应先核对现场孔洞，设备安装空间是否与机电图纸一致，如果不一致，应提前与设计人员确定修改方案，避免机电施工时才发现问题。

案例十六　轨底风口未按图施工与电缆支架冲突

1. 问题描述

苏州地铁 5 号线某站，施工现场的轨底风口高度比设计图纸中设计的标高要高，导致现场供电电缆支架位置与风口冲突，影响风口过风面积（图 2.1.2-21）。

图 2.1.2-21　轨底风口现场位置图

2. 分析原因

施工单位未按图纸施工。

3. 解决方案

向供电设计进行反馈，要求供电施工单位下调下层供电支架的位置，避免供电支架和电缆影响风口过风面积，同时让机电安装单位协调现场整改事宜。

4. 案例总结

机电单位进场前，设计和施工单位应先核实现场土建孔洞是否与机电图纸一致，避免安装后才发现问题，造成返工。

案例十七　出场线洞口区间推力风机喷口气流被墙体遮挡

1. 问题描述

4 号线南延段某站前出入段线处在洞口设置有推力风机，并且风机前后按喷口设计，施工现场未按设计施工，原倾斜喉口现场为直角弯头，进出气流的方向垂直于行车方向，且人防墙体挡住回风喉口，导致气流不畅，风机开启气流在人防段处打转。如图 2.1.2-22～图 2.1.2-24 所示。

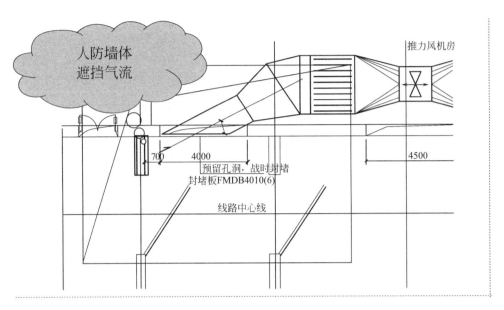

图 2.1.2-22 射流风机出口遮挡示意图

图 2.1.2-23 现场图片（一）

图 2.1.2-24 现场图片（二）

2. 分析原因

施工现场未按设计施工，原倾斜喉口现场为直角弯头。但设计也未考虑到人防门洞两侧墙体对推力风机气流的影响，遮挡了气流。

3. 问题解决

根据现场情况采取最快施工办法,对现场既有管路进行整改,喉口拉伸并避开墙体遮挡(图2.1.2-25)。

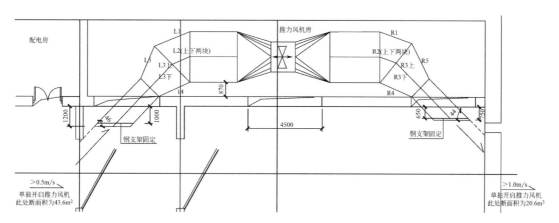

图 2.1.2-25 整改后示意图

4. 案例总结

在图纸设计阶段应充分了解土建条件,判断风机安装前后范围内的影响因素,并应加强施工配合的深度,以及时发现推力风机房前后土建遮挡问题及早处理。

案例十八 区间射流风机夹层未设置防护围栏

1. 问题描述

运营部门反馈部分射流风机安装于轨行区顶部夹层平台上,日常检修作业时存在人员跌落的风险(图2.1.2-26)。

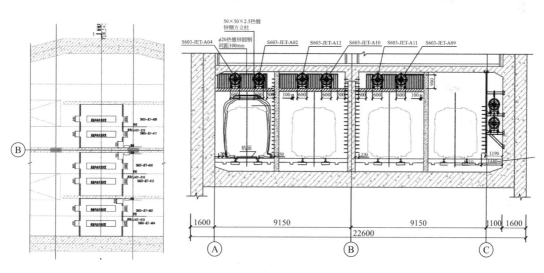

图 2.1.2-26 射流风机平剖面图

2. 分析原因

为了避免区间吊装的射流风机对行车安全造成隐患，故安装在土建夹层之上，但该方案没有考虑到后期检修维护人员的操作安全性。

3. 问题解决

射流风机夹层平台前后设置围栏，在射流风机进出风位置断开围栏，避免对气流造成影响。

4. 案例总结

机电方案均要考虑到后期运营人员方便检修及操作的安全性。

2.1.3 与装修接口问题案例

案例一 地面冷却塔及多联机室外机的围蔽与周边景观不协调

1. 问题描述

福州地铁2号线设置于地面的冷却塔和多联机室外机，装修采用栏杆的形式进行围蔽，与周围景观不协调，现场如图2.1.3-1所示。

图2.1.3-1 室外设备围蔽图

2. 分析原因

装修设计缺乏美观意识，没有考虑室外设施与周边景观的融合设计。

3. 解决方案

在冷却塔和多联机室外机周边种植绿篱，与周围环境的景观相协调（图2.1.3-2）。

4. 案例总结

建议地下车站多联机室外机数量不多时，在保证散热功能的前提下尽量设置在排风井底部，也解决了运营防盗及维护检修问题；对于处于市中心和景观要求较高的车站，室外设施布置一定要进行景观方案设计和审查，在满足功能的前提下，做到与周围景观和谐布置。

图 2.1.3-2 整改后围蔽图

案例二 室外专用防排烟机房的设置要结合景观

1. 问题描述

成都地铁 6 号线部分车站地面疏散安全口顶部设加压风机专用夹层，导致整个安全口出地面高度非常高，约 4.5~5.5m，影响地面景观（图 2.1.3-3）。

图 2.1.3-3 疏散安全口实拍

2. 分析原因

为减少车站内管线，设计将安全口的加压风机设置于楼梯间顶部。消防新规《建筑防烟排烟系统技术标准》GB 51251—2017 第 4.5.3 条"风机应设置在专用机房内"颁布后，要求加压风机设置于专用机房，设计直接在安全口顶部加设风机房夹层，未考虑安全口高度对地面装修、景观的影响。

3. 解决方案

将加压机房调整至安全口侧面，减少地面设施高度（图 2.1.3-4）。

图 2.1.3-4 整改后实拍

4. 案例总结

安全口楼梯间应尽量采用自然通风形式。如必须设机械加压送风,加压风机与机房宜设置于地下或出入口背面。另外,加压机房设于地面时应尽量与地面楼梯做成一体化,设置在背面,并做好装修美化处理,减少对地面景观的影响。

案例三 高架站空调室外机布置不美观问题

1. 问题描述

14号线高架站站台为自然通风,站台层空调候车室设置分体空调,室外机设置于空调候车室顶部。后期现场室外机安装完成后,空调室外机设置于透明的空调候车室顶部,显得突兀,不美观,与整体的装修风格不符。如图 2.1.3-5 所示。

图 2.1.3-5 空调室外机设置于空调候车室透明玻璃顶部

2. 分析原因

通风空调设计未了解候车室装修方案,也未提资要求装修专业对室外机做美观处理;装修设计未了解候车室室外设备的设置,装修方案未考虑透明房间的因素对机电设备和管线进行美观处理。

3. 解决方案

根据现场情况,对空调候车室的方案进行调整,将分体空调调整为多联机,室内机落地设置,室外机设置于站台层两端安全门以外,或与下部站厅层公共区共用室外机(图 2.1.3-6)。

图 2.1.3-6 站台层空调候车室空调方案调整后的现场

4. 案例总结

该错误属于设计接口疏漏,始于空调专业未会签装修方案,未提资装修专业室外机的美观处理要求,装修专业未考虑透明设备房的设备和管线的美观处理,最终在施工完成时才发现该问题。后续线路环控专业应提资室外设备的美化需求,会签装修图,需加强与装修专业之间的配合对接工作。

案例四 装修专业更改吊顶形式未提资环控专业修改风口设置

1. 问题描述

苏州地铁 5 号线某站,公共区一段长通道原为镂空吊顶,后修改为密实吊顶,导致原先吊顶上方设置的排烟口无法使用。

2. 分析原因

装修方案修改为密实吊顶,后期在装修专业图纸中修改后,未提资环控专业相应修改排烟口设置。

3. 解决方案

排烟口需要从最上层接管至吊顶下,改造工程量较大。风口与装修结合如图 2.1.3-7 所示。

图 2.1.3-7　风口与装修结合图

4. 案例总结

装修吊顶镂空率影响风口布置,装修专业修改吊顶形式需及时提资给机电专业,尤其是空调专业。装修出图时,空调专业应会签。在配合过程中需实时关注吊顶的设置情况。

案例五　吊顶高度不足,管线安装困难

1. 问题描述

郑州地铁 4 号线某站 4 号长出入口通道兼过街通道顶管出入口长度 132m,总面积高达 1240m²。通道受管线和建(构)筑物限制,坡度变化较大,出入口通道装修找坡完成后净高 3.2m。

公共区装修专业原设计采用"裸装"方式,机电专业综合布置方案确定后,通道净高设计值为 2.6m。但公共区装修专业后期变更装修方案,需设置吊顶,存在通道净高不足问题。

2. 分析原因

建筑及装修专业调整,前期明确采用裸装方案,但后期调整为吊顶方案。装修方案调整后,受限于长通道土建高度不足,装修后净高无法满足正常使用。

3. 解决方案

由于通道长度超过 60m,需设置机械排烟方案。空调系统采用空调水+风机盘管方案,空调冷冻水供、回水管均为 DN80。

考虑通道空间效果,创新设计排烟系统,排烟主管 2000mm×800mm 在进入通道内后分成三个支管,规格为 1250mm×450mm,减小排烟风管的高度。在进入横通道后将排

烟支管靠墙立装，两支管上下叠装，靠下支路在通道中部返上去在排烟口侧开，满足排烟口高度，巧妙地解决了排烟风管占用通道高度的问题。如图 2.1.3-8、图 2.1.3-9 所示。

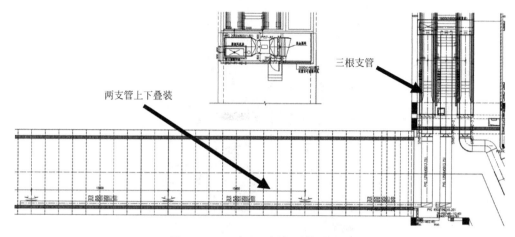

图 2.1.3-8　出入口局部风管平面图

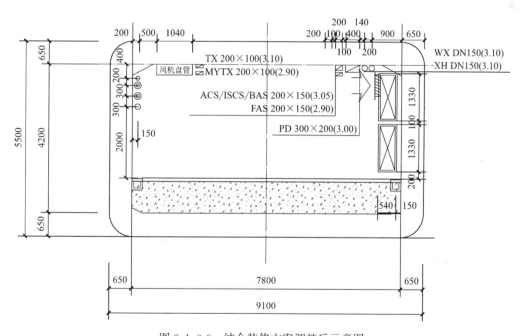

图 2.1.3-9　结合装修方案调整后示意图

消防验收时经检测排烟口风速达到了 7.2m/s，排烟效果良好，得到专家以及业主的一致好评（图 2.1.3-10）。

4. 案例总结

本案例防排烟方案中的"墙排"方案，即低层高出入口通道情况下的机电专业综合布置方案，为以后类似工程设计提供了借鉴。

图 2.1.3-10 现场实测风速图

案例六 公共区风口与装修盖板冲突易凝露

1. 问题描述

车站公共区风口正下方有装修带遮挡且风口冷凝水滴至闸机影响其使用（图 2.1.3-11）。

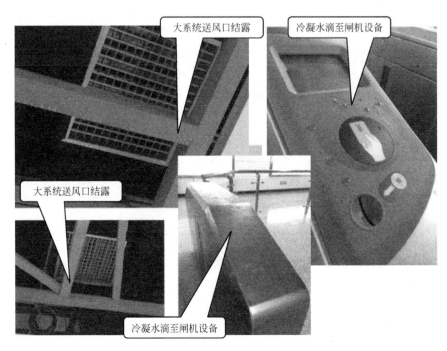

图 2.1.3-11 风口被遮挡及产生冷凝水

2. 分析原因

风口布置较随意,未考虑风口产生的冷凝水会对正下方的设备造成影响,且与装修专业未进行配合,使风口完全处于吊顶镂空处。

3. 解决方案

调整风口的安装位置,避开闸机正上方,布置于吊顶镂空处。

4. 案例分析

环控专业应与装修专业进行深入配合,在装修图纸中准确表示公共区风口位置;同时应在通风空调图纸中做好备注,风口位置应与装修图进行核对,当空调图纸布置和装修图纸不一致时,应与设计确认后再开风口。

案例七 小系统管线穿越公共区且标高影响装修

1. 问题描述

广州地铁 18 号线某站,现场站台层公共区小系统风管标高过低,影响公共区吊顶安装(图 2.1.3-12)。

图 2.1.3-12 现场站台层公共区管线图

2. 分析原因

施工图及三维模型机电管线与装修已避开,现场施工时未按图纸标高施工,导致风管高度过低。

3. 解决方案

为保证公共区装修的美观性，调整风管尺寸，使风管底高出公共区吊顶龙骨，保证吊顶安装。

4. 案例总结

站台两端设备用房走道处的管线较为复杂，设计阶段，大系统管线尽量从公共区上一层下管，设备用房区管线尽量在站台层端门内设备区范围内从上一层下管，避免大小系统管线交叉，导致在走道与公共区连接处公共区净高不满足要求。对于站台两端公共区与设备区连接处，根据装修方案应重点关注管线标高问题，同时加强施工安装过程中的跟踪配合。

案例八　站台层楼梯下三角房通风问题

1. 问题描述

广州地铁 18 号线某站，站台层楼扶梯下三角房墙体采用铝板装修面板，但面板未预留排气扇及引风口的安装开孔，导致排气扇及引风口按照图纸无法安装（图 2.1.3-13）。

图 2.1.3-13　现场楼扶梯三角房图

2. 分析原因

环控专业会签装修图纸时未认真核实此处装修方案，现场施工时此处采用装修面板封堵，未考虑为排气扇设置孔洞。

3. 解决方案

为保证公共区装修的美观性，调整排气扇及引风口位置，位于三角房两侧顶部，由装修专业预留出设备安装空间。

4. 案例总结

本案例问题在于环控与装修专业没有做好接口配合，环控专业应提资装修专业，尤其面向公共区需开口或设置设备的部位,都应提资及会签装修图是否落实。由于公共区装修面板仅做到吊顶上方,与吊顶平齐,装修面板与墙体之间有200~300mm空隙,环控专业可以考虑公共区楼扶梯三角房的排气扇设置在装修面板上方,注意排气扇四周500mm范围不得有管线;引风口可以直接利用装修面板与墙体之间的空间。由于各地装修方案不同,具体方案还需环控设计与装修专业配合后确定,尽量减少对公共区装修的影响。

案例九 站厅层公共区局部综合管线与公共区装修碰撞问题

1. 问题描述

广州地铁18号线某站,现场两根冷冻水管及部分弱电桥架与公共区装修吊顶发生碰撞(图2.1.3-14)。

图2.1.3-14 站厅层公共区局部综合管线与公共区装修碰撞

2. 分析原因

施工单位组织综合支吊架厂家进行深化设计,其中厂家提供的站厅层公共区深化设计的管线剖面图与平面图不一致,且未按照设计提供的施工蓝图进行布置,导致现场两根冷冻水管及部分弱电桥架与公共区装修吊顶发生碰撞,且机电施工单位现场安装之后几个月，装修并未及时发现问题上报，直到后期安装吊顶时才发现，此时水管已经打压，使得情况十分被动。

3. 解决方案

为避免管线与装修碰撞并保证装修高度，由业主组织开会，通风空调设计、综合管线设计及装修设计根据现场情况确定整改方案，调整水管布置路径，由施工单位整改。调整水管布置路径后的现场如图 2.1.3-15 所示。

图 2.1.3-15　调整水管布置路径后现场图

4. 案例分析

该错误在于设计与施工配合不及时，后续线路建议综合管线厂家需严格按设计提供的蓝图进行深化设计，如有不一样的地方需及时反馈给设计核实，同时建议综合管线和装修专业认真复核厂家提供的深化设计图是否满足要求；另外，设计需加强施工安装过程中的跟踪配合。

2.1.4　与机电接口问题案例

案例一　设有气体灭火系统的房间增设下排烟口

1. 问题描述

长沙地铁 5 号线采用 IG541 气体灭火系统，各设备用房设有灾后排气系统，但未设有下排烟口，违反《地铁设计防火标准》GB 51298—2018 第 8.2.8 条"当灭火介质的相对密度大于 1 时，排烟口应设置在该房间的下部"的规定。

2. 分析原因

忽略气体灭火系统介质的特性，违反规范强条。

3. 解决方案

气体灭火保护区统一增加一根尺寸为 250mm×200mm 的下排烟管,从为该房间服务的一次回风系统的回风主管上接出。增设的排烟管上设排烟口一个,尺寸为 200mm×300mm(单层百叶,带人字闸),风口底标高统一为房间地板高度以上 0.2m,风管根据现场情况布置(图 2.1.4-1)。

4. 案例总结

设计应严格执行规范。对于密度大于空气密度的灭火介质,考虑到这些物质会积聚在房间下部,故要求排烟口设置在房间的下部,以保证通风效果。

案例二 空调机组过滤网外部被管线遮挡无法维护

1. 问题描述

长沙地铁 5 号线,空调机组过滤网外部被表冷器的水管挡住(图 2.1.4-2),无法定期抽出进行清洗。

图 2.1.4-1 案例一安装下排风口

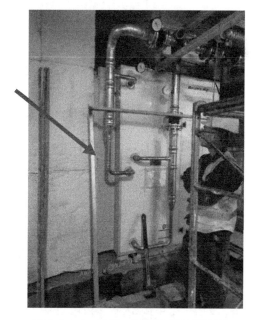

图 2.1.4-2 案例二冷水机组现场接管

2. 分析原因

未考虑空调机组过滤网清洗维护空间。

3. 解决方案

调整接管处水管走向。

4. 案例总结

设计人员在设计联络和施工图阶段与厂家确定空调机组安装大样图时,应核实确认水管接管路径和位置,保证空调机组各个功能段的检修空间及检修门的开启,便于后续运营维护。

案例三　下排风管设置位置影响到设备后期检修

1. 问题描述

福州地铁 4 号线某站，能馈室设置有下排风口，但下排风管设置于供电设备背面，导致供电设备管检修空间不足，影响后期检修（图 2.1.4-3）。

图 2.1.4-3　下排风口与设备位置关系图

2. 分析原因

设计未考虑下排风管的设置对设备柜检修维护空间的影响。

3. 解决方案

根据现场实际条件，调整下排风立管布置位置，确保满足设备检修要求。

4. 案例总结

在后续设计中，强弱电专业应及时完成招标，及时将设备布置方案提资建筑专业，建筑专业在施工图图纸中落实机电设备房各设备的具体布置，机电专业需在含有设备布置的建筑施工图上开展机电设计，管线布置应注意避开设备及检修人孔位置。

案例四　多联机室内机进出风口被遮挡

1. 问题描述

长沙地铁 5 号线某站个别电气房间存在多联机室内机进出风口被各种桥架遮挡，影响制冷效果（图 2.1.4-4）。

2. 分析原因

通风空调专业未认真会签综合管线图纸，综合管线专业没有返资最终版综合管线图给各机电专业。

3. 解决方案

调整多联机室内机安装位置，避开密集处桥架，保证气流效果。

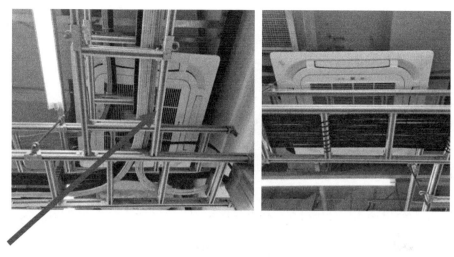

图 2.1.4-4 多联机正下方被桥架遮挡

4. 案例总结

通风空调专业未认真会签综合管线图纸,综合管线专业应返资最终版综合管线图给各机电专业,各机电专业应按照管综图及时调整本专业的管线和设备,以配合布置通风空调。通风空调在施工交底中应强调室内机下方应无设备和管线。

| 案例五 | 风口布置在变电所设备柜正上方

1. 问题描述

车站变电所通风管的风口布置在设备正上方,冷凝水滴落对设备造成安全影响,且部分风口被电缆桥架遮挡(图 2.1.4-5)。

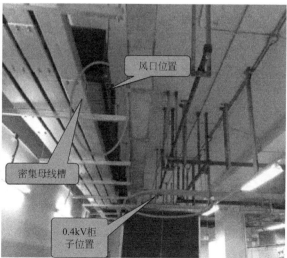

图 2.1.4-5 风口布置在设备柜上方且有桥架

2. 分析原因

通风空调设计未考虑风口的安装位置对电气设备的影响，综合管线布置时应考虑风管风口不能被管线遮挡。

3. 解决方案

移开风口或在风口下接凝水盘。

4. 案例总结

综合管线图纸中需要布置风口和设备，机电专业会签时就能发现上述问题，通风空调专业要认真会签综合管线图。

案例六　风机调试中出现启动电流过大导致开关跳闸

1. 问题描述

广州18号线某站，部分风机在设备开启时跳闸，无法保证设备正常开启。

2. 分析原因

通过现场测试仪测试，发现是启动电流过大，大于招标要求。低压专业是按照招标要求配置的配电柜。

3. 解决方案

为了满足工程需要，低压专业更换环控抽屉柜。

4. 案例总结

招标设计阶段，环控专业应在用户需求书中明确设备的启动电流要求，且不应高于规范要求，避免市场产品做不到；另外环控设备进行设计联络时，应要求厂家提供大型设备启动电流、最大功率等低压配电资料，并及时提资反馈低压专业。

案例七　冷却塔变频的问题

1. 问题描述

长沙地铁5号线冷却塔无法按照节能控制系统的控制策略变频运行。

2. 分析原因

按通风空调专业冷却塔招标要求为双速电机，而节能控制系统是放在低压专业出图，低压专业对冷却塔运行是变频电机还是双速电机没有清晰的概念，节能控制系统厂家是按冷却塔为变频电机进行的深化设计。审核节能控制系统深化设计图纸时也未能及时发现该问题，导致设计图纸与现场实际情况不一致。

3. 解决方案

修改节能控制系统图纸，按冷却塔变频设计。

4. 案例总结

建议后续线路通风空调专业参与节能控制系统深化设计图纸的会签，避免出现两个专业设计原则都不统一的问题。

案例八　阀门开度问题

1. 问题描述

西安地铁6号线一期工程某站，大系统248、252模式要求HPF-A01回排风机升频运行，DT联动电动风阀开度不够导致回排风机变频器报警。

2. 分析原因

车站工点设计核查通风空调控制工艺图,图纸中相关内容无误。而后经与施工单位核实,大系统回排风机单调过程中工频运行均正常,可排除设备自身故障问题;联调过程中回排风机工频运行(满负荷运行)或升频到工频运行状态的过程中发生变频器报警,造成该问题的主要原因是风机升频运行过程中,随着系统风量的增加系统阻力超过设计值,导致风机过载。

经与联调厂家核实,现场联调过程中DT阀设定初始开度为20%。联调人员手动切换各运行模式时,系统中DT阀始终处于初始设定开度(20%)。当切换到248、252模式时,DT阀开度远低于升频到工频运行状态过程中风阀开度的设计要求(40%~100%),造成系统阻力过大,导致风机过载。

3. 解决方案

联调过程中,手动切换各运行模式,风机联动电动风阀无法实现PID调节过程中的开度随风机频率实时调整的功能,始终处于初始设定开度20%,回排风机升频到一定频率后,系统阻力过大,导致回排风机变频器报警或故障。因此,联调厂家联调过程中调整DT阀初始设定开度为50%。

4. 案例总结

综合监控专业设置相关系统电动调节风阀初始开度时不宜过小,避免管路阻力过大,导致回排风机变频器报警或故障。建议初始开度设置应不小于50%。

案例九 水系统传感器的安装位置较困难

1. 问题描述

通风空调水系统设置有温度、流量等传感器用于判断调节系统模式,但在实际安装过程中无相应的安装位置(图2.1.4-6)。

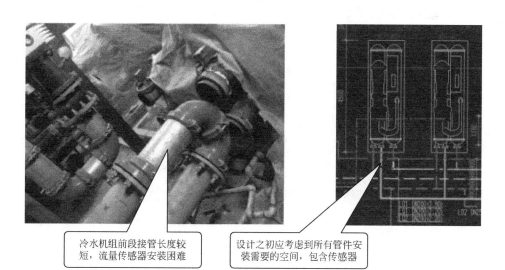

图2.1.4-6 主机进出水管接管图

2. 分析原因

在水系统冷冻水管、冷却水管的平面设计时未考虑传感器的安装条件。

3. 解决方案

调整管线位置，保障各种传感器的安装位置。

4. 案例总结

对于温度、流量和压力传感器要安装在前直管 $5D$ 后直管段 $3D$ 处，压力传感器要安装在温度传感器的上游。安装传感器的管道必须全部充满，流量计的安装位置要避免装在管内气泡堆积的位置。为了避免该问题的发生，可以在冷水机房 BIM 模型及装配式深化设计时预留好相应的安装位置。

案例十 风机安装较高且重叠，无检修条件

1. 问题描述

车站环控机房和防排烟专用机房内，由于空间受限，部分风机上下叠放，未考虑风机维护空间，造成后期运营检修困难（图 2.1.4-7）。

图 2.1.4-7 多层风机安装现场图

2. 分析原因

设计人员布置设备和管线时，未考虑风机的维护检修空间和路径。

3. 解决方案

调整风机的设置位置，并增设检修爬梯。

4. 案例总结

在平面管路设计时,应尽量避免上下重叠布置,采用"一"字排开的形式。同时注意给建筑专业提资以满足机房面积和空间大小。另外,需核实多层风机共用支架的受力问题。

案例十一 吊柜式空调器未考虑检修条件

1. 问题描述

部分车站采用吊柜式空调器,但吊装高度较高,检修困难(图 2.1.4-8)。

图 2.1.4-8 吊柜式空调器现场安装图

2. 分析原因

设计人员在图纸设计时,对设备后期检修路径未考虑。

3. 解决方案

增设检修钢平台,将进出空调器的水阀安装于地面。

4. 案例总结

在平面图设计中一定要考虑设备后期检修维护的条件,可在施工单位深化 BIM 图纸时,提出预留好吊装空调柜的检修空间及检修路径,必要时设置检修平台。

2.2 给水排水及消防

车站给水排水及消防典型错漏案例主要从消防、给水、排水、土建接口、机电接口五个方面进行分类,共有 38 个案例,其中消防问题 11 个案例,给水问题 3 个案例,排水问题 14 个案例,与土建接口问题 4 个案例,与机电接口问题 6 个案例。每个方面的案例按照从站外到站内、从设计到施工的顺序归类。

消防常见问题主要是室外消火栓与水泵接合器设置不满足规范、消防泵房内部设备布置、消防管道阀件安装冲突、消防末端设施安装不满足规范方面；给水常见问题主要是室外市政水表安装位置方面；排水常见问题主要出现在室外排水接驳路由调整、附属屋面及地面积水、卫生间污水管布置及污水泵房检修、区间及轨行区排水方面；与土建接口问题主要出现在车站预埋套管位置不符或遗漏、集水井尺寸不合理及遗漏方面；与机电接口问题主要是与地面装修及公共区装修方案冲突、轨行区管道与电缆及广告灯箱冲突等方面。解决方案是在不违反规范的前提下，结合现场实际情况按工程代价最小的原则解决，并尽量便于运营后续检修维护。案例总结是反思如何在设计阶段避免此问题重复发生，明确具体要求和做法，在图纸上把具体接口表达清楚，通过形成标准化做法或措施来统一规避。

2.2.1 消防案例

案例一 水泵接合器与室外消火栓不便取用

1. 问题描述

某高架站水泵接合器与室外消火栓直线间距满足不小于15m且不大于40m的要求，但在水泵接合器与室外消火栓之间有一条水沟且设置了临时围挡（图2.2.1-1），不满足《地铁设计防火标准》GB 51298—2018 中第7.1.7条第2款的规定："消防水泵接合器应设置在室外便于消防车取用处。"

图 2.2.1-1　某高架站室外地面情况图

2. 分析原因

施工图设计阶段现场河涌为暗沟，车站完工后市政重新翻新改造站外其他公共空间，河涌最终变为明渠（图2.2.1-1）。

3. 解决方案

按规范要求对水泵接合器及室外消火栓的位置进行重新调整。

4. 案例总结

关注站外地形地貌变化情况，及时更新图纸，确保满足规范及当地验收要求。

案例二 室外消火栓设置位置影响景观或道路通行

1. 问题描述

室外消火栓根据规范应设置在距离道路红线外侧 0.5～2m、距离出入口 5～40m 的范围。根据《消防给水及消火栓系统技术规范》GB 50974—2014 第 7.3.4 条：人防工程、地下工程等建筑应在出入口附近设置室外消火栓，且距出入口的距离不宜小于 5m，并不宜大于 40m。给水排水专业在图上表达消火栓位置时，未考虑对周边景观及道路的影响（图 2.2.1-2）。

图 2.2.1-2 消火栓位置现场图

2. 分析原因

给水排水专业仅根据规范确定了消火栓位置，未与景观专业统一考虑。

3. 解决方案

室外消火栓应提资给室外景观专业，景观应对消火栓位置与花池等统一考虑，消火栓位置应考虑到对行人的影响。

4. 案例总结

室外消火栓应提资给室外景观专业，景观应统筹考虑消火栓与花池位置，并考虑到对行人的影响，可将室外消火栓适当调整（图 2.2.1-3）。给水排水专业应对景观图纸上的室外消火栓个数和位置进行会签。

案例三 消防泵房通道宽度不满足规范要求

1. 问题描述

某车站消防泵房现场布置较为紧凑，由于面积受限，局部布置不合理，存在如下问题：①控制柜前面通道宽度不满足 1.2m 要求；②消防水泵出水管上的明杆闸阀安装存在

图 2.2.1-3 室外消火栓整改后现场图

安全隐患，阀杆高度约为 1.8m，手轮下缘高度约为 1.5m，平时运营巡检和消防应急操作时均存在磕碰的风险（图 2.2.1-4）。

图 2.2.1-4 消防泵房设备管线布置现场图

根据《消防给水及消火栓系统技术规范》GB 50974—2014 第 5.5.2 条，消防水泵房的主要通道宽度不应小于 1.2m。

2. 分析原因

未按规范要求预留设备检修空间，同时设计人员未考虑明杆闸阀常开状态下阀杆对维修空间的影响。

3. 解决方案

应预留适当的消防泵房房间面积，以便于安装。

4. 案例总结

设计阶段应根据相关规范布置设备并满足检修要求。地下车站消防还需要考虑排水设施，消防泵房开门应直通安全出口。建议车站消防泵房标准化设计，按照规范标准化布置后的机房尺寸和面积提资给建筑专业。

案例四 公共区消火栓箱开门未见栓口

1. 问题描述

公共区消火栓箱开门时，消火栓口不在开门的一侧（图 2.2.1-5）。不满足《消防给水及消火栓系统技术规范》GB 50974—2014 第 12.3.9 条第 6 款：消火栓栓口出水方向宜向下或与设置消火栓的墙面成 90°，栓口不应安装在门轴侧。

2. 分析原因

给水排水设计未提资给装修专业消火栓箱开门要求，装修专业在开展公共区装修设计时不了解消火栓箱开门方向。

3. 解决方案

修改公共区箱门的开门方向或消火栓口的位置（图 2.2.1-6）。

图 2.2.1-5 消火栓箱现场内部构造图

图 2.2.1-6 消火栓箱整改后现场图

4. 案例总结

给水排水专业提资建筑专业时应明确消火栓图标开门方向或提供标准图，同时给水排水专业会签公共区装修图纸时应核实开门方向。

案例五 水泵接合器标志铭牌

1. 问题描述

福州地铁 4 号线消防验收中，专家提出按照规范要求，水泵接合器需要设置永久性标志铭牌，但现场实施效果不好，标注内容不全。

《消防给水及消火栓系统技术规范》GB 50974—2014 第 5.4.9 条：水泵接合器处应设置永久性标志铭牌，并应标明供水系统、供水范围和额定压力。

2. 分析原因

图纸中只要求设置标牌，没有明确标牌具体形式、内容等，施工单位难以具体实施。

3. 解决方案

设计给施工单位明确水泵接合器标志牌采用不锈钢铭牌，并应标明供水系统、供水范围和额定压力，固定在水泵接合器上。施工单位按要求整改后的铭牌如图 2.2.1-7 所示。

图 2.2.1-7 整改后的水泵接合器铭牌

4. 案例总结

图纸中应该明确铭牌的材质和标注内容要求，建议图纸增加一个铭牌示意大样图。

案例六 站台门上方安装消防水管

1. 问题描述

运营反馈某车站屏蔽门上方设置水管，存在后期渗水影响屏蔽门及行车安全的隐患（图 2.2.1-8）。

2. 分析原因

站台门专业要求屏蔽门上方 3500mm 以内，或者屏蔽门以外 500mm 处不能设置管线，给水排水专业设计未落实。综合管线图纸会签时，站台门专业也未发现该问题。

第 2 章 车站

图 2.2.1-8　现场屏蔽门上方管线安装情况

3. 解决方案

调整水管路由，需要调整约 120m 水管，增加约 15 套抗震支架，施工单位按要求整改。

4. 案例总结

机电专业应认真落实相关专业要求，站台门投影范围向外 500mm 的范围内都不能设置水管。

案例七　站台层配线区消防管道与转辙机冲突

1. 问题描述

长沙某地铁车站设有停车线和折返线，配线区布置的消防管与转辙机冲突（图 2.2.1-9）。

2. 分析原因

施工图设计时，因建筑施工图中未表达转辙机坑位置，消防管道沿墙体直线敷设，导致管道与转辙机冲突。

3. 解决方案

配线区消防管道上增加 4 个 90°弯头，避开转辙机坑，详见图 2.2.1-10。建议后续车站站台板下层水消防设计时，对于有配线的车站，应在建筑底图上准确反映转辙机坑的位置，消防管道布置时应注意避开转辙机坑，同时不得影响限界。

4. 案例总结

建筑施工图应明确转辙机坑位置，给水排水专业应加强与信号、限界等专业沟通，消防水管要避开相关设备。建议车站综合管线补充配线区特殊断面的管线布置，特别是过轨、道岔等位置。信号、轨道、给水排水等专业会签时也应重点关注，提前规避设备冲突问题。

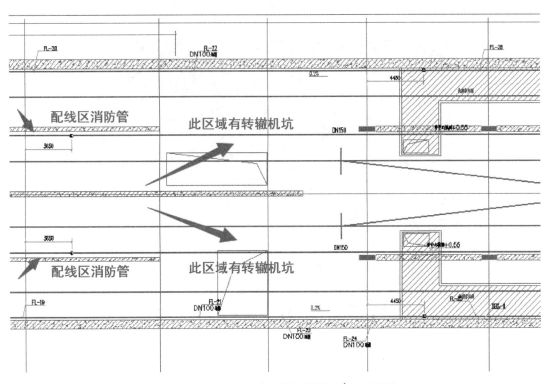

图 2.2.1-9　配线区消防管与转辙机冲突示意图

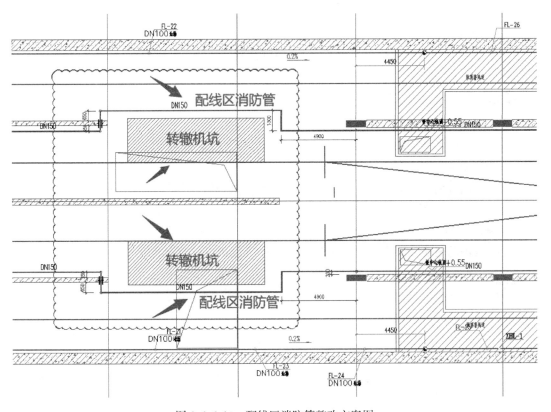

图 2.2.1-10　配线区消防管整改方案图

第2章 车站

案例八 消防立管与装修冲突

1. 问题描述

无锡某地铁车站区间消防立管设置于站厅层车站与商业连接的通道内,立管及电动蝶阀考虑采用离壁墙外包,再设置检修伪装门(图 2.2.1-11),但离壁墙欠缺美观。

2. 分析原因

电动蝶阀设置在车站进区间的立管上,安装位置满足规范及使用要求,但因电动蝶阀最厚处距离侧墙约 34cm,离壁墙厚度约 30cm,离壁墙需凸起约 4cm,影响离壁墙的整体平整性及美观性。

3. 解决方案

将消防立管及电动蝶阀调整至风道内靠柱子设置。

4. 案例总结

设计应充分考虑消防水管及阀门所占空间对装修、疏散通道空间的影响,区间消防立管及电动蝶阀宜设置在专用管井或风道内,不要设置在疏散通道、楼梯间内。

案例九 室外地下消火栓问题

1. 问题描述

地下消火栓顶部出水口与井盖底面的距离大于 0.4m,且未安装井盖(图 2.2.1-12)。

图 2.2.1-11 消防立管现场安装图

图 2.2.1-12 地下消火栓现场安装图

2. 分析原因

施工单位未按图施工。

3. 解决方案

根据消防验收意见整改。按《消防给水及消火栓系统技术规范》GB 50974—2014 第

12.3.7条第3款"地下式消火栓顶部进水口或顶部出水口应正对井口。顶部进水口或顶部出水口与消防井盖底面的距离不应大于0.4m，井内应有足够的操作空间，并应做好防水措施"执行。

4. 案例总结

北方地区若采用地下式消火栓，建议在施工说明及设计交底文件中明确要求须配有相应大样图或相关图集。室外消火栓、消防水泵接合器应有明确的标识指引。

案例十 波纹补偿器未设置滑动支架

1. 问题描述

某车站公共区长距离消防水管敷设，波纹补偿器未设置滑动支架（图2.2.1-13）。

图2.2.1-13 波纹补偿器现场安装图

2. 分析原因

属于施工遗漏及设计未明确。

3. 解决方案

按《地铁工程机电设备系统重点施工工艺——给排水、通风与空调系统》14ST201-2图集设置滑动支架（图2.2.1-14）。

4. 案例总结

设计图纸应明确波纹补偿器设置要求，具体安装可参考图集，设计人员在施工交底及施工配合时应重点强调和检查波纹补偿器安装内容。

案例十一 消火栓箱位置和风管冲突

1. 问题描述

某车站消火栓箱安装位置未考虑风管安装遮挡影响，环控机房内消火栓箱被风管挡住，无法开启使用（图2.2.1-15）。

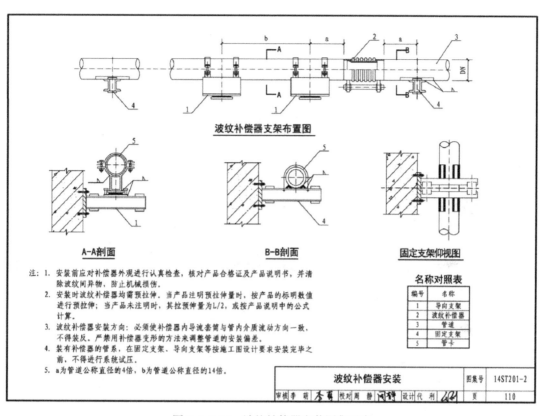

图 2.2.1-14 波纹补偿器安装图集示意

图 2.2.1-15 环控机房消火栓箱现场安装图

2. 分析原因

设计未考虑使用检修空间问题，专业之间配合不到位。

3. 解决方案

调整消火栓箱位置，使箱门可正常开启。

4. 案例总结

消火栓箱位置应在综合管线图纸和机电 BIM 模型中表示，这样各专业会签时就能关注到其他管线是否遮挡。

2.2.2 给水案例

案例一 车站水表组位置与规划道路冲突

1. 问题描述

某车站给水排水专业施工图和给水报建图出图时水表设置在新风亭和排风亭之间，建筑主体施工图出图时水表所在位置为绿化带，后期水表施工完成后发现水表所在位置为城市规划路（图 2.2.2-1）。核对图纸后发现，水表位置在建筑附属出图时增加了一条 7m 宽的规划路，水表的位置正好阻碍了道路（图 2.2.2-1～图 2.2.2-3）。

图 2.2.2-1　车站室外水表组现场安装图

2. 分析原因

建筑附属出图时给水排水设计未发现新风亭和排风亭之间增加了规划道路，未及时变更水表位置，水表施工完成后发现水表阻断了道路。

3. 解决方案

设计发单现场要求施工单位修改水表位置，改为紧邻新风井设置，不影响道路的正常通行（见 70 页图 2.2.2-4）。

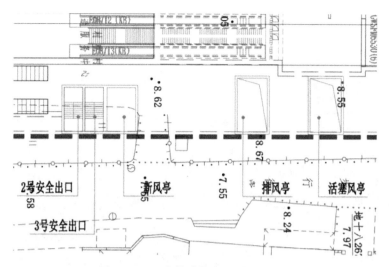

图 2.2.2-2 主体建筑出图时总平面图

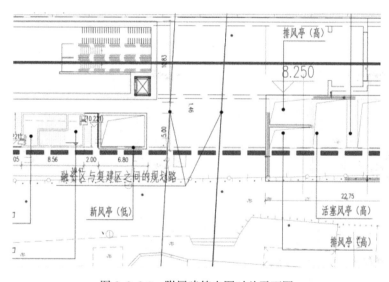

图 2.2.2-3 附属建筑出图时总平面图

4. 案例总结

给水排水专业设计水表安装位置时，应考虑紧邻风井周边设置，避免建筑附属发生变化而带来其他问题，同时还可以与风井一起考虑美观处理措施。给水排水应与建筑、地面装修紧密配合，考虑地面附属的给水排水设施的维修便捷性及与周边景观的协调。

案例二 室外水表组影响观感

1. 问题描述

某南方城市车站室外给水总水表设置在出入口侧边，水表组的管道、阀门、水表等组件直接裸露在地面，影响观感，且具有一定安全隐患（图 2.2.2-5）。

图 2.2.2-4 案例一水表组整改后现场图

图 2.2.2-5 案例二车站室外水表组现场安装图

2. 分析原因

该站原给水总水表设置在车站风亭附近绿化带内,未设置地面水表井。后续按照自来水公司建议,车站给水总水表调整至该出入口附近,导致出入口旁有裸露的给水水表及组件。

3. 解决方案

根据水表组尺寸及出入口石材样式，设置地上式水表井。为避免行人误操作影响车站正常运营，水表井上方设置钢格栅，并预留水表组局部检修活口，格栅活口处设置锁具保护（图 2.2.2-6）。

图 2.2.2-6　水表组整改后现场图

4. 案例总结

车站给水总水表宜设置在风亭、绿化带附近，如后续施工配合过程中因外部因素影响，调整至出入口、广场等行人易触碰或影响景观的位置，应及时与地面景观设计沟通，在保证使用和运营维护功能的前提下避免造成景观突兀。

案例三　某地面站室外给水引入管调整

1. 问题描述

由于本站南面为小山丘，北侧邻靠车辆基地，西侧为穗莞深城际线，东侧为大坡道，且室外消防车道通往广汕路的衔接道路用地未被批准，受上述条件限制，车站给水接驳引入管无埋地敷设至车站的路径。

2. 分析原因

外部市政条件调整或变化。

3. 解决方案

连接到广汕路的消防车道暂无条件实施，永久给水接驳路由也无法实施，初期拟从车辆基地给水引入管接驳水源，作为临时水源，给水接驳方案一如图 2.2.2-7 所示。由于车辆基地临时供水不稳定，需停用临时水源，重新考虑永久给水新路由，经与穗莞深车站设计方和业主协商，永久给水管从穗莞深西侧市政道路给水管接驳，但后期遇上厂房拆迁而放弃该方案，给水接驳方案二如图2.2.2-8所示。最后，经再次与自来水公司确认，将永久水表设置于广汕路边，水表后管道从山体护坡底部穿越至本站，给水接驳方案三如图2.2.2-9所示。

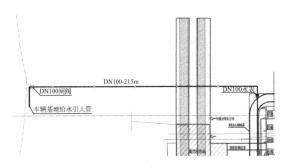

图2.2.2-7　给水接驳方案一

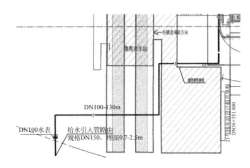

图2.2.2-8　给水接驳方案二

图2.2.2-9　给水接驳方案三

4. 案例总结

与自来水公司确定给水总表的位置是关键，车站设计还需进一步考虑总表后管道路由，若水表位置与施工蓝图位置不符时，以尽量不调整站内给水系统方案为原则优化引入管的设计，必要时做变更处理。

2.2.3　排水案例

案例一　某地面站室外排水系统整体排向调整

1. 问题描述

由于本站南面为小山丘，北侧邻靠车辆基地，西侧为穗莞深城际线，东侧为大坡道，且室外消防车道通往广汕路的衔接道路用地未被批准，受上述条件限制，导致车站排水接驳管无条件实施（图2.2.3-1）。

第 2 章 车站

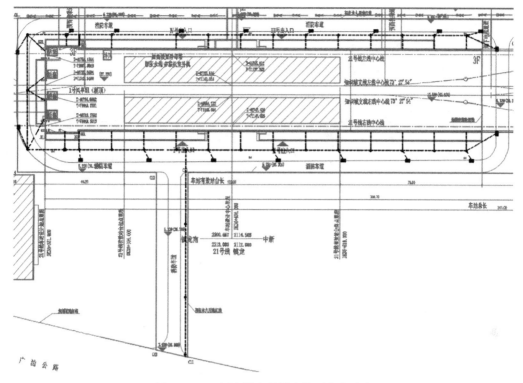

图 2.2.3-1 原车站室外排水接驳方案路由

2. 分析原因

外部市政条件调整或变化。

3. 解决方案

车站室内外排水原方案为直接排入广汕路边沟（图 2.2.3-1），但由于广汕路未能实施，且因广汕路地势东高西低，车站排水只能接入广汕路地势较低路段的明渠，以至排水接驳路由较长，而且施工影响面大，为保证车站排水，拟调整室外排水流向，并统筹考虑山体路基边沟排水，将排水统一收集排至站位北侧车辆基地站场排水沟（图 2.2.3-2），由站场排水沟汇流至广汕路市政排水系统。

4. 案例总结

高架、地面车站需要考虑屋面及室外雨水排水，排水量会较大，设计必须踏勘现场地形，结合周边市政沟渠、河涌位置核实室外排水方案的可行性。另外车站周边（用地红线外）有山体、路基等区域，不应轻易更改既有山体洪水路径，并与相关部门明确出水口衔接方式。

案例二 某站配线区间端部泵房室外排水问题

1. 问题描述

本站配线区间端部设置排水泵房一处，用于收集配线区渗漏水、消防排水，从 3 号低风亭排出室外，再接入车站北侧消防车道排水管网。

该工程出图后现场尚未实施，经踏勘现场后发现设计方案存在以下几个问题。

（1）排水出 3 号风亭后直接散排地面而未实施下游排水管，主要是因为地势高差过大

073

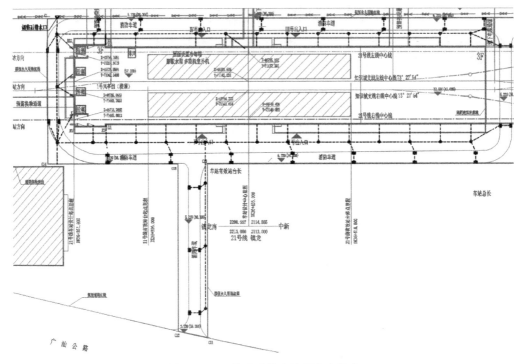

图 2.2.3-2　整改后排水接驳方案路由

(风亭室外场地标高约 46.0m，消防车道标高 36.3m)，排水管暗埋及跌水排水井难以实施，同时会产生额外的土石方开挖、管沟边坡支护、护坡底部结构挡墙破坏修复等工程，以致造价较高。

（2）即使按照图纸实施或图 2.2.3-3 所示的明敷排水管排水方案，按照目前的场地条件，北侧消防车道并未实施，无法接入车道排水管网。即使实施北侧消防车道及排水管，则需占用村道，协调工作量较大。

图 2.2.3-3　现场场地条件情况

（3）3 号风亭室外场地除红线外，属于综合交通枢纽一体化工程用地范围，后期也会开挖，存在 3 号风亭室外排水工程再次改造的可能性。

综上，端部泵房排水从 3 号风亭排出室外，再通过排水管、检查井有组织排水至消防车道排水系统的方案基本无法实现，图纸无法实施。

2. 分析原因

设计未及时了解现场条件及施工难度，直接画图，导致现场无法实施。

3. 解决方案

经现场踏勘后，将泵房扬水管从 3 号风亭改排 2 号风亭引出室外，再排至消防车道排水管网，消防车道排水接驳点在镇龙站用地红线范围内，具备实施条件。增设的涂塑钢管需在配线区间敷设。

4. 案例总结

设计需在施工图阶段核实排出点室外场地标高及与市政道路或周边地块衔接情况，结合现场条件进行设计。

案例三 市政路至车站出入口道路积水问题

1. 问题描述

某车站在临近开通时，发现下雨后从马路前往车站的出入口途中有大量积水（图 2.2.3-4），影响行人的正常通行。

图 2.2.3-4 某车站出入口至道路途中积水情况

2. 分析原因

红线外一般不属于车站给水排水的设计范围，给水排水设计容易忽视红线外的排水情况。

3. 解决方案

在道路的局部低点增加雨水箅子，将雨水及时排走，避免影响行人通行（图 2.2.3-5）。

4. 案例总结

红线外的场地排水不属于车站给水排水的设计范围，但部分车站开通时周边的市政配套未跟上，从道路至车站出入口通道需与地铁建设一并完成，在发现红线外有排水隐患时需及

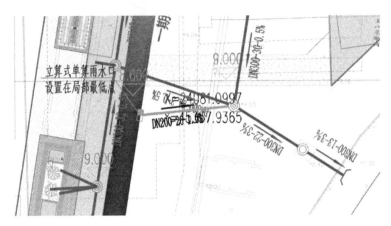

图 2.2.3-5　优化排水方案示意图

时提醒项目负责人、业主和施工单位增设排水设施，保证行人通行和地铁的顺利开通。

案例四　风亭夹层潜污泵检修困难

1. 问题描述

风亭设有风道夹层时，潜污泵设置在风道夹层，需通过爬梯才能到达，有的受风阀影响需通过室外到达，不便于运营人员检修维护（图 2.2.3-6）。

图 2.2.3-6　风井底部集水井检修路径现状

2. 分析原因

车站给水排水设计在给建筑专业提资时，只考虑雨水收集后尽快排出，将集水井和潜污泵设置在风道夹层，未考虑后期运营维护检修条件。

3. 解决方案

有条件的地方应尽量增设检修楼梯或钢楼梯，无条件时对检修爬梯进行加固，设置检修护笼，保证操作安全，同时注意爬梯周围设施是否影响运营人员的检修空间和行走路径。

4. 案例总结

对于有设置风道夹层的风亭，为便于后期运营对潜污泵的巡检及维修，集水井宜设置在负一层，将风道夹层的雨水收集汇至负一层，便于人员能直接到达。

案例五 出入口人行天桥最低点漏设截水和排水设施

1. 问题描述

广州某车站为高架车站，车站主体布置在路中，附属设备房及B出入口布置在道路的西侧，车站主体和附属设备房、B出入口采用天桥连接，天桥设置有屋面，下雨时天桥屋面雨水会沿着钢立柱往下散排，另外天桥两侧镂空，雨水会通过天桥侧面飘入，导致天桥低点处积水，影响乘客通行（图2.2.3-7）。

图2.2.3-7 天桥汇水路径示意

2. 分析原因

施工图设计时，由于是钢结构天桥，建筑专业没有出人行天桥的大样图，给水排水设计时，漏了人行天桥屋面和地面的排水设计。

3. 解决方案

在人行天桥屋面设置雨水斗，雨水斗不少于2个，雨水立管沿钢立柱敷设，排至位于地面的雨水排水系统；在人行天桥地面设置截水沟，截水沟内设置排水地漏，地漏排水立管沿钢立柱敷设，排至位于地面的雨水排水系统。

4. 案例总结

设于路侧的高架站，为便于道路对面的行人进出车站，通常会增设一个过街出入口，从而形成人行天桥，给水排水专业须结合天桥土建形式（钢结构、混凝土），落实人行天桥屋面及地面的排水设计。

案例六 污水泵房检修爬梯及控制柜设置不合理

1. 问题描述

深圳地铁从二期工程规划开始，污水提升均采用水泵外置式的密闭污水提升装置，公共卫生间对应的污水泵房配置2个水箱。污水泵房与卫生间同层设置时，污水泵房安装密闭提升装置部位需要局部下沉1.5~1.8m，局部下沉区域面积为8~10m^2。由于面积受限，泵房地面至密闭提升装置的检修通道设置的是钢爬梯，给运营后期的维护管理带来极大不便，运营多次提出改善检修通道的需求。另外，个别车站密闭提升装置控制箱设置位置不合理，不方便人员操作。

根据《地铁设计规范》GB 50157—2013第14.3.5条第8款要求：

污水提升装置应采用节能、环保型设备，并应便于维修。

2. 分析原因

设计未落实规范要求，未考虑维修操作性。

3. 解决方案

后续线路落实整改，增大污水泵房面积，泵房设置检修楼梯（图2.2.3-8）。

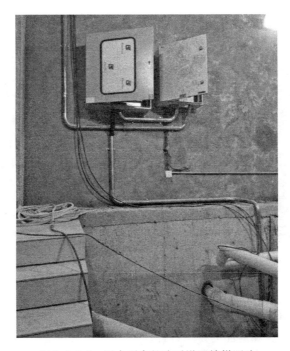

图2.2.3-8　污水泵房整改后设置楼梯照片

4. 案例总结

合理确定污水泵房面积，建议与卫生间同层设置的污水泵房总面积按不小于20m^2、下沉区域面积按不小于10m^2设置，其中短边不小于3m。泵房的检修楼梯应设置钢楼梯或土建楼梯，不宜采用钢爬梯；同时应考虑设备控制柜的安全操作空间及方便维修人员到达的检修通道，避免控制柜操作空间存在安全隐患。

案例七　新风井和新风道卫生防疫相关要求

1. 问题描述

深圳某线路工程在进行卫生防疫验收时，疾控中心验收人员提出车站新风道内不宜设置排水沟和排水地漏。四期工程卫生防疫验收时，对新风井集水井底部长期存在积水问题也提出了质疑,主要是担心平时水沟或地漏周围有积水,容易滋生蚊蝇,造成车站进风空气质量降低,存在公共卫生隐患。

2. 案例总结

后续线路应避免在新风道内设置明沟排水和地漏。新风井集水井盖板建议采用密闭盖板,以减少对空气质量的影响。

案例八 高架站轨行区排水问题

1. 问题描述

某高架站轨道施工方未按图施工。地漏排水点不在低点,导致轨行区地漏不能排水,并且轨道浇筑时直接将地漏盖住(图 2.2.3-9)。

图 2.2.3-9 高架站轨行区现场情况

2. 分析原因

施工单位未按图施工。

3. 解决方案

施工方按图整改,重新找坡,使地漏正常排水。

4. 案例总结

排水并不是给水排水单一专业的问题,也受土建施工过程中的找坡、孔洞预留、排水组织是否顺畅等因素的影响,高效排水是一个综合性考虑的设计环节。在设计过程中,要注重会签建筑、轨道等土建专业图纸内容。

案例九 污水管在站台公共区敷设

1. 问题描述

某车站站厅员工卫生间投影面积超出站台层设备区房间范围,卫生间部分污水管及排水套管露在站台公共区范围的吊顶进行敷设,若漏水将影响运营(图 2.2.3-10、图 2.2.3-11)。

图 2.2.3-10　现场安装照片（一）　　　　图 2.2.3-11　现场安装照片（二）

2. 分析原因

设计未考虑上下错层后的管道敷设，未考虑同层排水。

3. 解决方案

（1）调整站厅员工卫生间洁具布局及排水管敷设方式，尽量少穿中板或将穿管改入房间内。

（2）异层排水建议将卫生间下沉，或污水管不在公共区敷设，而是隐藏在房间内敷设。

4. 案例总结

卫生间洁具排水宜尽可能考虑同层设置沉箱排水，尽量避免排水管走公共区。

案例十　室外化粪池与前期电缆沟冲突

1. 问题描述

某车站室外钢筋混凝土化粪池因顶板覆土深度不够，设计未核查室外管线情况，直接调整至排风井下侧，但此处外单位已迁改电缆管沟，与化粪池位置冲突（见下页图 2.2.3-12）。

2. 分析原因

设计更改方案时，未调查现场管线和周边设施设置情况。

3. 解决方案

更改化粪池位置，避让电缆管沟。

4. 案例总结

确定室外化粪池及风亭接出的压力检查井位置时，需核实室外覆土高度，并核查清楚现场设施和管线设置情况。

案例十一　污水泵房设置未注意结构柱的影响

1. 问题描述

某车站污水泵房受结构柱影响，使用面积受限，无法保证污水密闭提升装置四周至少留有 700mm 检修空间，从而影响运营维护（图 2.2.3-13）。

图 2.2.3-12　化粪池现场情况

图 2.2.3-13　污水泵房现场安装情况

2. 分析原因

设计未考虑结构柱对设备检修的影响。

3. 解决方案

厂家调整设备尺寸，土建调整设备基础布置，进行返工整改。

4. 案例总结

给水排水专业与建筑专业配合提资时，应提前规避不合理布局，同时保证设备安装使用功能及检修空间，泵房内避免出现柱梁。建议后续线路采用标准化设计，可按如

图 2.2.3-14 所示的污水泵房布置模板图执行。

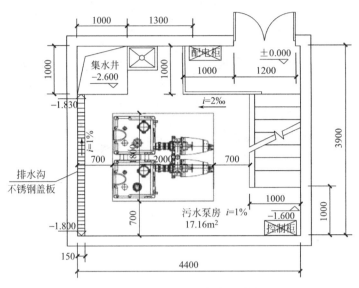

图 2.2.3-14 污水泵房布置建议

案例十二　冷却水管沟未考虑集水井

1. 问题描述

某车站室外冷却塔管沟长度超 100m，始末端高差大于 2.5m，深度均超过附近的雨水井、检查井深度，管沟内积水无法依靠重力排出至市政管网，长管沟留有下料口上盖板，未全封闭，最初配合时未考虑集水井（图 2.2.3-15）。

图 2.2.3-15 室外冷却塔管沟安装现状

2. 分析原因

设计未考虑土建条件及排水。

3. 解决方案

冷却塔管沟最低点增设集水井,后受地块移交影响,无法协调施工,又将集水井改入排风亭内,在风亭夹层做集水井,如图 2.2.3-16 所示。

图 2.2.3-16　俯瞰位置示意图

4. 案例总结

水专业与建筑专业配合提资时,应提前充分了解土建方案和条件,核实管廊出现的敞口处和局部低点,做好排水设施条件提资。

案例十三　地漏立管下穿隔离开关室

1. 问题描述

地下站上网隔离开关正上方设置了地漏、压力废水管、消防管,上网隔离开关为直接影响行车的重要设备,如发生漏水则有使上网隔离开关短路跳闸风险,导致接触网失电。上网隔离开关旁边为预留安装可视化接地装置的位置,设备已无空间移位避开这些水管。

2. 分析原因

给水排水设计未充分了解建筑布局,没有落实水管不能下穿电气用房的要求。

3. 解决方案

有优化条件时取消地漏排水管,或者将水管移位(图 2.2.3-17)。

4. 案例总结

给水排水设计在提资地漏孔洞的时候,应注意避让下穿电气用房,如无法避免,应在下穿处设整体套管或离壁墙开检修口,将排水立管与房间隔开,杜绝漏水导致的失电安全隐患。

案例十四　车站主废水泵房进水口标高不足

1. 问题描述

土建施工单位未按照图纸施工,进水口预埋高度不足 2.5m,导致水泵各类起泵浮球之间距离过近,水泵频繁启停,影响水泵使用寿命(图 2.2.3-18)。

图 2.2.3-17 现场地漏立管安装情况图

图 2.2.3-18 现场实际安装情况

2. 分析原因

施工问题。

3. 解决方案

为满足排水,将一泵和二泵启泵水位整合,由每次分别起泵调整为同时启动 2 台水泵。

4. 案例总结

此问题是土建施工错误导致。必须按照图施工,后续施工配合时应加强对此的检查,避免预埋错误导致无法整改的尴尬境地。

2.2.4 与土建接口问题案例

案例一 外立面排水管道安装的问题

1. 问题描述

玻璃幕墙钢结构与外墙的间距为 135mm/155mm,空间不满足屋面雨水立管 DN150 的安装要求,需将雨水立管调整至室内安装,如图 2.2.4-1、图 2.2.4-2 所示。

图 2.2.4-1 钢结构与外墙间距实测照片(一)

图 2.2.4-2 钢结构与外墙间距实测照片(二)

2. 分析原因

设计接口问题。

3. 解决方案

空间不足的排水立管改为站内安装。

4. 案例总结

对于高架车站,如建筑外立面有装饰层,应注意龙骨架宽度及装饰层厚度,保证给水排水管道安装空间的要求。在设计空间满足条件的情况下,重点提醒钢结构安装单位和机电安装单位提前沟通确认有隐蔽要求的给水排水管道安装需求。

案例二 车站预留孔洞套管问题

1. 问题描述

车站卫生间楼板孔洞套管突出地面高度参差不齐,部分生锈(图 2.2.4-3),与《建筑给水排水及采暖工程施工质量验收规范》GB 50242—2002 第 3.3.13 条要求不一致。第 3.3.13 条规定如下：管道穿过墙壁和楼板，应设置金属或塑料套管。安装在楼板内的套管，其顶部应高出装饰地面 20mm；安装在卫生间及厨房内的套管，其顶部应高出装饰地面 50mm，底部应与楼板底面相平；安装在墙壁内的套管其两端与饰面相平。穿过楼板的套管与管道之间缝隙应用阻燃密实材料和防水油膏填实，端面光滑。穿墙套管与管道之间缝隙宜用阻燃密实材料填实，且端面应光滑。管道的接口不得设在套管内。

图 2.2.4-3　楼板预埋孔洞套管情况图

2. 分析原因

施工单位未按图施工。

3. 解决方案

施工单位按图纸及相关规范进行整改。

4. 案例总结

给水排水设计应提资土建专业套管位置、材质、顶部应高出装饰地面 50mm 等具体要求，会签土建孔洞图时应确认是否落实。

案例三　车站污水泵房、过轨电缆通道处集水井遗漏

1. 问题描述

车站设计中，因排水需求，小集水井较多。在车站污水泵房、过轨电缆通道等处均设置集水井。而现场施工经常遗漏这两处集水井。这两处的集水井比较隐蔽，经常在土建施工阶段被忽略。

2. 分析原因

车站给水排水设计提资给建筑专业。建筑孔洞、基础及预埋件图纸上体现此集水井，但是结构图纸经常遗漏。出图时给水排水仅对建筑图纸进行会签，不会签结构图纸。施工阶段，施工单位按照结构图纸施工，故造成遗漏。

3. 解决方案

由于土建结构完成后无法进行开凿，底板开孔会影响主体结构的安全性，因此在土建结构以上的装修垫层留出 20～30cm 不等的小集水井（原设计要求坑深 70cm）。由于水坑较浅，不能采用原设计的潜污泵，只能对水泵进行变更，将潜污泵改为手提泵或自吸泵，以满足排水需求。

4. 案例总结

施工单位应按照建筑孔洞、基础及预埋件图纸施工，施工前应与结构图进行核对，发现不一致处应提交设计确认。

案例四 污水泵房集水井尺寸问题

1. 问题描述

广州地铁某车站集水井尺寸不满足潜污泵安装要求（图 2.2.4-4）。

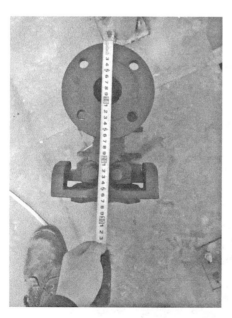

图 2.2.4-4 污水泵房集水井情况

2. 分析原因

车站污水泵房集水井尺寸参考往期线路经验，设置为 500mm（长）×500mm（宽）×500mm（深），该尺寸能基本满足部分潜污泵的安装需求，但由于潜污泵厂家实际供货的水泵及自耦装置尺寸较大，导致水泵采用自耦安装时，集水井空间不足。

3. 解决方案

针对污水泵房集水井尺寸问题，给水排水总体进行了全线梳理，针对不同问题提出不同的解决方案。

问题及解决方案主要分为以下三类：

（1）对于现场实测尺寸与设计尺寸不一致的情况，要求土建施工单位根据图纸进行整改。

（2）对于集水井尺寸无法满足潜污泵自耦安装的情况，取消自耦装置，将水泵改为固定安装。

（3）对于集水井尺寸偏小导致控制浮球安装空间紧张的情况，在集水井水泵吸水口的角落处将浮球固定安装，以保证浮球正常工作。

4. 案例总结

该问题产生的原因，一方面是设计、施工、厂家之间的配合问题，设计在提资土建尺寸方面应有一定的预见性，在设备尚未招标阶段应该提资一个包容性更强的尺寸，招标完成后厂家应尽快提供设备安装需求，以便核实土建专业是否存在问题，确定无误后施工单位应严格按照图纸施工。另一方面是设备安装方式的灵活调整问题，如果部分集水井尺寸偏小实在无法满足设备安装条件，可调整设备安装方式以适应实际情况。

2.2.5 与机电接口问题案例

案例一 一体化污水处理设施井盖与景观设置冲突

1. 问题描述

某车站一体化污水处理设施检查口和室外井盖与景观布置冲突，影响美观（图 2.2.5-1）。

图 2.2.5-1 一体化污水处理设施井盖现场安装图

2. 分析原因

一体化污水处理设施属于乙供设备,排水接驳有时属于室外排水接驳设计范围,车站给水排水设计在提资室外景观设计时未提资一体化污水处理设施的检修口和排水检查井位置,导致景观出图时没有体现室外排水设施的布置情况,引起后续变更。

3. 解决方案

景观专业根据室外检查井的布置情况修改人行道和绿化带的布置,尽量将一体化污水处理设施的检查口和室外检查井设置在绿化带内,且宜高出地面300mm,满足防涝要求(图2.2.5-2)。

图 2.2.5-2　整改后现场图

4. 案例总结

车站给水排水设计需对室外给水排水设施的布置情况统筹考虑,应整合室外的给水排水设施布置统一提资景观专业,会签景观专业相关图纸,避免后续施工时室外给水排水设施影响美观。

案例二　轨行区排水管路由问题

1. 问题描述

某车站站台轨行区排水立管与广告灯箱冲突,部分立管直接接入转辙机坑,存在漏水及研磨基坑等安全隐患,如图2.2.5-3、图2.2.5-4所示。

2. 分析原因

车站站厅公共区废水管先出图,后续站台广告灯箱则根据实际确定位置,双方容易产生冲突。

3. 解决方案

经各方现场协调，废水管和广告灯箱有冲突的地方都增加弯头避开广告灯箱；废水立管增加弯头，避开转辙机范围。

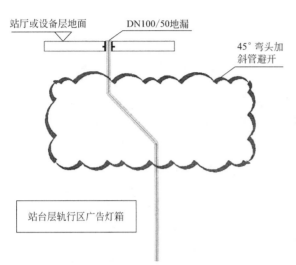

图 2.2.5-3 地漏立管避让灯箱路由

图 2.2.5-4 现场冲突情况示意

4. 案例总结

装修图纸出图时规划好广告灯箱位置，给水排水专业废水管及其孔洞避开灯箱位置；上一层排水立管要避开站台转辙机范围。

案例三 附属公共区潜污泵控制箱操作面板外露

1. 问题描述

某高架车站主体设置在路中，附属设备房布置在道路西侧，附属设备房潜污泵控制箱明装，操作面板外露存在乘客误操作风险（图 2.2.5-5）。

2. 分析原因

施工图设计时，给水排水专业未将水泵控制箱凹槽尺寸提资给装修专业，由于装修专业离壁墙厚度小于水泵控制箱厚度，导致控制箱的操作面板外露。

3. 解决方案

在控制箱操作面板外侧增加不锈钢保护盖，保护盖上设置锁具，控制箱区域适当增加绿植、装饰等，保证整体美观。

4. 案例总结

给水排水与土建专业配合过程中，应提资各类控制箱箱体的安装尺寸和维护要求，对于装修美观要求高的区域，控制箱箱体应一律暗装，并设置检修门（图 2.2.5-6）。

第 2 章 车站

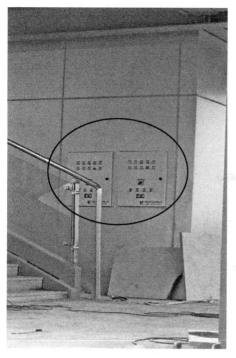

图 2.2.5-5 潜污泵控制箱操作面板外露

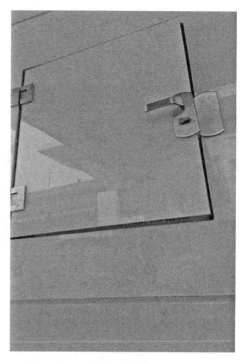

图 2.2.5-6 整改后检修门现场效果图

案例四 消火栓箱安装位置不便取用

1. 问题描述

某车站公共区有 2 个消火栓箱被自动售票机遮挡，如图 2.2.5-7、图 2.2.5-8 所示。

图 2.2.5-7 消火栓箱被自动售票机遮挡（一）

另有现场消火栓箱被搪瓷钢板龙骨遮挡，影响使用，如图 2.2.5-9 所示。

图 2.2.5-8 消火栓箱被自动售票机遮挡（二）

图 2.2.5-9 消火栓箱被搪瓷钢板龙骨遮挡

2. 分析原因

设计接口问题。设计未与装修专业做好提资核对。

3. 解决方案

根据现场条件，将其中一处消火栓箱调整至侧墙布设，另一处消火栓箱面板上加大标识，并在箱前预留出操作空间。

现场结合箱体修改龙骨布置，如图 2.2.5-10、图 2.2.5-11 所示。

4. 案例总结

消火栓安装的位置不得违背"明显易于取用"的安装原则。消火栓箱布置应与装修、建筑等专业协调，尽量避免布置在开门侧，特别是布置在角落时要核查空间是否满足。

图 2.2.5-10 整改后照片（一）

图 2.2.5-11 整改后照片（二）

给水排水设计应及时提资公共区装修专业消火栓箱位置、箱门开启方向、立管阀门位置等内容，让装修专业能准确配合检修操作伪装门，同时避免安装冲突的影响，会签装修专业图纸时应重点核对这些接口内容是否落实。

案例五 消防泵房压力开关与 FAS 接口问题

1. 问题描述

宁波某线路给水排水与 FAS 接口协议中规定，消防泵房主泵出水管上电接点压力表接至消防泵控制柜直接连锁起泵外，需提供信号给 FAS 专业。但现场电接点压力表只有一副触点，仅能接至消防泵控制柜（图 2.2.5-12）。

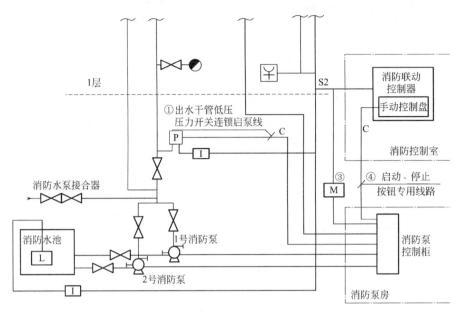

图 2.2.5-12　火灾自动报警系统控制示意图

2. 分析原因

压力开关应具有两副触点，而市面上能购买的电接点压力表产品大多仅有一副触点，现场无法满足 FAS 功能需求。

3. 解决方案

电接点压力表信号从压力表本体改为从消防水泵控制柜接出给 FAS。

4. 案例总结

根据项目消防接口需求，压力开关应具有两副触点。本项目直接选用了压力开关中的电接点压力表，但市面上该产品以一副触点居多，实际上无法满足功能需求。建议后续线路应加强对市场上常用设备附件的调研，招标选型明确压力开关应具有两副触点。

案例六　电缆廊道排水管线与电缆冲突

1. 问题描述

多条线路验收时，发现车站或区间变电所的电缆廊道内排水井正上方被线缆阻挡，潜水泵无法正常提出泵坑进行维修，阀门无法正常靠近开启或更换（图 2.2.5-13）。

2. 分析原因

电缆沟内无综合管线，各专业因认知不同经验不同，对其他专业管线理解不一样，导致最终结果是无人协调下部空间管线问题。

3. 解决方案

潜水泵改为自吸泵，安装在电缆廊道外，但部分站点依然无法整改。

4. 案例总结

① 电缆廊道断面尺寸一般不大于 2000mm×2000mm（宽×高），其中电缆沿着两侧

图 2.2.5-13　电缆廊道集水井水泵安装情况

敷设在支架上方，支架宽度约 400mm，两侧支架间距不小于 800mm；②集水井的平面尺寸一般为 1500mm×1000mm 或 2000mm×1500mm（长×宽）；③因电缆廊道空间狭小，若集水井直接设置在电缆沟内部，工点给水排水专业应加强与工点动力照明专业及供电系统沟通，协调廊道中水泵坑与电缆支架位置，尽量减少冲突，避免后期出现水泵或阀门无法检修的情况；④若集水井设置在区间主变电所电缆夹层处，应避免在电缆夹层与电缆廊道的接口交界处，并应与土建明确电缆廊道排水坡度及排水方向。

2.3　自动灭火系统

自动灭火系统典型错漏案例主要从轨道交通常见的气体灭火系统、高压细水雾灭火系统两个方面分类，共有 9 个案例，其中气体灭火系统问题 5 个案例，高压细水雾系统问题 4 个案例。

气体灭火系统常见问题主要是气瓶间检修操作空间不足、泄压装置朝向轨行区、气体管道下穿房间位置不合理等方面；高压细水雾系统常见问题主要是静电地板下细水雾喷头与弱电线槽冲突、水箱补水管位置与检修爬梯冲突等方面。解决方案是在不违反规范的前提下，结合现场实际情况按工程代价最小的原则解决，并尽量便于运营后续检修维护。案例总结是反思如何在设计阶段避免此问题重复发生，明确具体要求和做法，形成标准图或者说明。

2.3.1　气体灭火系统案例

案例一　气瓶间检修空间不足

1. 问题描述

某车站设置 IG541 混合气体灭火系统，大里程端气瓶间原布置两排储气瓶组，验收时发现瓶组检修空间不足（图 2.3.1-1、图 2.3.1-2），不满足规范所要求的检修间距。

涉及规范：《气体灭火系统设计规范》GB 50370—2005 第 4.1.1 条：储存装置应符合下列规定：

……

5 储存装置的布置，应便于操作、维修及避免阳光照射。操作面距墙面或两操作面之间的距离，不宜小于 1.0m，且不应小于储存容器外径的 1.5 倍。

图 2.3.1-1 气瓶间室内间距情况

图 2.3.1-2 瓶间室外通道设置情况

2. 分析原因

该站装修专业对此房间隔墙进行了调整，设备区走道门内凹，压缩了房间内空间，导致内部储气瓶检修通道空间不足。

3. 解决方案

根据实际房间尺寸，对气瓶间内的瓶组进行重新布置，使维修间距满足要求（图 2.3.1-3、图 2.3.1-4）。

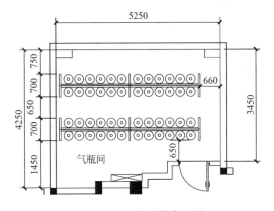

图 2.3.1-3 整改前布置图

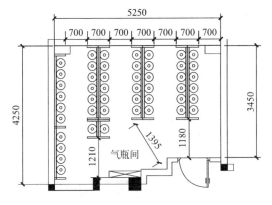

图 2.3.1-4 整改后布置图

第2章 车站

4. 案例总结

给水排水专业应提资建筑专业自动灭火设备房间内具体设备布置图,标注各设备必要的检修间距,会签建筑专业图纸时,应重点核实最不利区域(隔墙内凹处、构造柱处等)最小间距是否满足要求。

建筑专业未注意到气瓶检修间距,气瓶间虽然部分间距满足规范要求,但最不利区域(隔墙内凹处、构造柱处等)最小间距不满足要求。自动灭火专业应充分与建筑专业沟通解释,提资配合时应按房间隔墙内立面为界考虑面积需求。建筑空间条件较困难的车站,除了提资面积需求之外,建议按实际所需瓶组数进行摆放布置并提资给建筑专业。

地铁位于地下,通常空间有限。对于气瓶间最小间距,有的项目甚至卡着规范条文"储存容器外径的1.5倍"来设计。实际做出来只有400~500mm的检修空间。设计应充分考虑地铁运营环境,不能类比高度机械化的厂房仓库,设备的检修空间建议按规范大值设计布置。

案例二 气瓶间内双切箱无法开启

1. 问题描述

某车站设备层气瓶间,双切箱与气体灭火选择阀组件之间距离过近,导致配电箱箱门无法正常开启,无检修空间(图2.3.1-5)。

图2.3.1-5 气瓶间双切箱与气灭选择阀组件冲突

2. 分析原因

设计时未考虑气体灭火阀门位置,导致与双切箱冲突。

3. 解决方案

现场整改双切箱位置,避开气体灭火设备及阀门位置(图2.3.1-6)。

4. 案例总结

低压配电专业出图前自动灭火专业应该提资低压配电专业双切箱位置,并提出双切箱

图 2.3.1-6　整改后现场布置照片

门开启角度要达到120°的要求，自动灭火专业会签低压配电图纸时，应核查是否满足要求。气瓶间大样图补充双切箱、接地箱等设备箱布置，与低压专业图纸一致。

设计还需注意气瓶间的环控下排风口与设备间距要求，确保不冲突且有检修条件。

案例三　泄压装置面向轨行区

1. 问题描述

某地下区间变电所设置IG541自动灭火系统，系统防护区的泄压装置直接面向轨行区，泄压装置上的装饰性百叶窗存在被隧道风吹落的风险，对列车运行造成安全隐患（图2.3.1-7）。

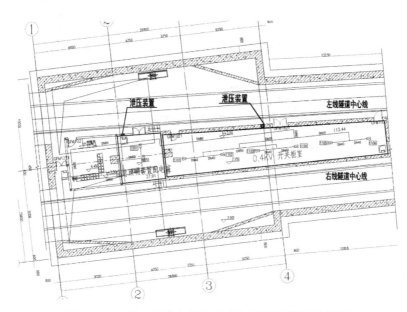

图 2.3.1-7　某区间变电所自动灭火系统泄压装置布置图

涉及规范:《气体灭火系统设计规范》GB 50370—2005：

3.2.7 防护区应设置泄压口……

3.2.8 防护区设置的泄压口，宜设在外墙上。泄压口面积按相应气体灭火系统设计规范计算。

2. 分析原因

该变电所装修专业对此房间布局进行了调整，取消了原通向内走道的外墙，导致防护区的泄压装置无法按原图实施，而调整后的防护区只有面向轨行区的外墙，泄压装置无法避开而直接面向轨行区。

3. 解决方案

根据实际情况，泄压装置设置在面向轨行区，原泄压装置采取内侧锚固方式，为降低对区间行车的安全隐患，在泄压装置外侧设置不锈钢角钢，并用膨胀螺栓固定，螺栓采用双层螺母加固（图 2.3.1-8、图 2.3.1-9）。

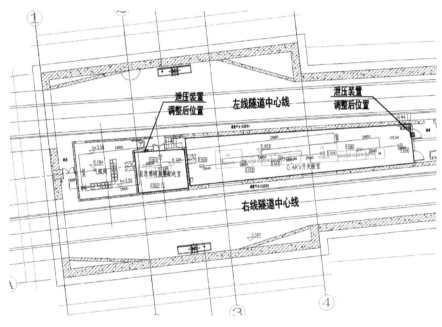

图 2.3.1-8　泄压装置整改后布置图

4. 案例总结

自动灭火专业与土建配合时，泄压装置不应设在直接面向轨行区的墙体上，当泄压装置安装位置无法避免面向轨行区时，可采取加固措施，设置固定角钢，牺牲美观性，减少泄压装置百叶脱落的安全隐患。此外需注意，泄压装置不应设在两个防火分区相邻隔墙上。

案例四 气体灭火管道布置不合理

1. 问题描述

某车站气体灭火管道穿越值班室，影响房间美观和运营舒适性（图 2.3.1-10）。

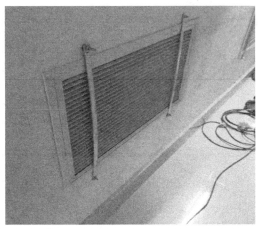

图 2.3.1-9 案例三固定前后样式

图 2.3.1-10 案例四气体灭火管道下穿值班室

2. 分析原因

设计考虑不周，未考虑立管对房间功能和美观的影响。

3. 解决方案

根据现场实际情况，对管道进行装修包装处理。

4. 案例总结

设计应避免管道穿越值班室、更衣室、排热风室等房间，管道穿越设备或管理用房时，应考虑设置管道井。

案例五　气体灭火管道支架安装空间不足

1. 问题描述

无锡某地铁车站气体灭火管道支架安装空间不足，同时房间内喷头安装位置受到风管、空调出风口等限制，喷头支架不易固定（图2.3.1-11）。

图 2.3.1-11　气瓶间现场安装图

2. 分析原因

车站设备区走廊上方净空较小、管线布置空间不足时，管综专业往往会把气体灭火管线移动至设备房间内安装。在配合过程中，发现设备房间内布置有较多风管，气体灭火管道支架安装空间不足。同时房间内喷头安装位置也受到风管、空调出风口等限制，喷头支架不易固定。

3. 解决方案

根据实际现场情况，调整管道布置。

4. 案例总结

应给管综或其他机电专业提资本房间最小净空要求，其他机电管线均应在净空之上的空间安装。

2.3.2　细水雾系统案例

案例一　静电地板下细水雾喷头与弱电线槽冲突

1. 问题描述

在安装静电地板下的细水雾喷头时，部分区域电缆密集，细水雾喷头无安装空间（图2.3.2-1）。

图 2.3.2-1 静电地板下管线布置图

2. 分析原因

设备区建筑图纸仅表达了设备的布置情况，未表达静电地板下管线的布置情况，细水雾施工图设计时容易忽略线缆和线槽的影响。

3. 解决方案

调整静电底板下的细水雾管道和喷头，避开线槽和线缆。

4. 案例总结

建议弱电专业尽量不要采用下进线设置静电地板，如必须采用下进线时，在施工图阶段细水雾专业应与信号专业对接，统筹考虑细水雾管道和喷头与管线的布置。

案例二 高压细水雾储水箱补水管影响检修

1. 问题描述

某车站设置高压细水雾灭火系统，细水雾泵房内储水箱补水支管位于水箱爬梯两侧的正前方，影响运营人员检修作业（图 2.3.2-2）。

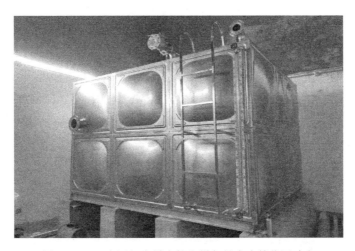

图 2.3.2-2 高压细水雾水箱爬梯与补水支管位置冲突

2. 分析原因

储水箱原补水总管方向与水箱两根补水支管方向垂直,进入水箱上方后与补水支管相连;现补水总管改为与补水支管方向平行,进水管无法直接与补水支管相接。

3. 解决方案

根据补水总管方向,将补水支管位置从爬梯两侧调整至爬梯右侧,避免补水管影响运营检修(图 2.3.2-3)。

图 2.3.2-3 整改后细水雾水箱安装图

4. 案例总结

应与车站给水排水专业对接好自动灭火系统补水管走向,同时水箱补水支管尽量设置在水箱爬梯的单侧;如补水支管已设置在了爬梯两侧,可将补水支管进水方向调整至爬梯的对面,避免影响运营检修。

|案例三| 细水雾控制箱低压电缆进线问题

1. 问题描述

低压电缆接入细水雾控制箱时,线缆比控制箱的预留进线孔粗,无法正常进线(图 2.3.2-4)。

2. 分析原因

细水雾控制箱厂家预留的进线孔偏小,无法满足低压专业的电缆进线要求。

3. 解决方案

对细水雾控制箱原预留的进线孔进行扩孔,满足电缆的进线要求,完成后对开孔处涂防火泥(图 2.3.2-5)。

图 2.3.2-4　细水雾控制箱内部构造图

图 2.3.2-5　低压电缆接入细水雾控制箱实际安装图

4. 案例总结

招标设计阶段，给水排水专业应向低压专业明确不同功率电缆截面要求，落实在用户需求书中，厂家按要求预留进线条件；设计联络时，厂家应补充配电功率及电缆大小等参数，给水排水设计提资低压专业核实落实情况。

案例四　预作用喷淋系统遗漏 FAS 监控提资

1. 问题描述

福州某车辆基地预作用喷淋系统与 FAS 的接口文件描述不全，导致楼宇 FAS 系统无法控制预作用装置及排气阀前电动阀，FAS 系统内无相关点位，多线操作盘上缺失预作用喷淋系统控制操作功能。

涉及规范：《火灾自动报警系统施工及验收标准》GB 50166—2019：

4.16.9 应根据系统联动控制逻辑设计文件的规定，在消防控制室对预作用阀组、排气阀前电动阀的直接手动控制功能进行检查并记录，预作用阀组、排气阀前电动阀的直接手动控制功能应符合下列规定：

1 应手动操作消防联动控制器直接手动控制单元的预作用阀组、排气阀前电动阀的开启控制按钮、按键，对应的预作用阀组、排气阀前电动阀应开启；

2 应手动操作消防联动控制器直接手动控制单元的预作用阀组、排气阀前电动阀的关闭控制按钮、按键，对应的预作用阀组、排气阀前电动阀应关闭；

3 消防控制室图形显示装置应显示消防联动控制器的直接手动启动、停止控制信号。

2. 分析原因

FAS专业未完全按照规范设置预作用阀组、空压机、排气阀的远程启动、关闭功能，水专业会签的时候也没有提出意见。

3. 解决方案

由FAS施工单位接控制线，接口位置在空压机出气管路的电磁阀处；由FAS施工单位增加敷设预作用报警阀组至消防联动控制盘线缆，接口位置在预作用装置控制盘端子处，预作用报警阀组需提供2组控制端子，由电气化局接监视、控制线，接口位置在电动阀的出线端子处；由FAS施工单位增加敷设电动阀至消防联动控制盘线缆，电动阀需提供2组控制端子及1组状态反馈端子。

4. 案例总结

预作用喷淋系统应符合自喷图集和火灾自动报警相关规范要求，自动灭火设计应向FAS提资具体功能和点位，同时给水排水设计应对两专业的接口协议文件核实系统的功能要求和点位要求后再签字。

第 3 章 车辆基地

车辆基地是轨道交通线路的车辆停修和后勤保障基地,通常包括综合楼、综合维修中心、各类库房等建筑。通风空调和给水排水是车辆基地两个较为重要的机电专业,与土建、装修、其他机电专业都有接口,因此车辆基地错漏案例主要发生在本专业间以及与土建、机电接口这几个方面。

3.1 通风空调

车辆基地通风空调典型错漏案例主要从土建和机电两个方面分类,共有 11 个案例,其中与土建接口 8 个案例,与机电接口 3 个案例。每个方面的案例都按照从综合楼到库房、从设计到施工的顺序归类。

与土建接口常见问题主要是综合楼风管和水管与梁柱和楼梯的冲突,外墙引风窗和百叶窗美观问题、自然排烟窗面积不足、库房机房设置不满足消防要求等方面;与机电接口问题主要出现在库房支吊架掉落、库房管线与其他专业管线冲突等方面。解决方案按照先检查是否违反规范,再结合现场实际情况按工程代价最小的原则解决。案例总结是反思如何在设计阶段尽量避免,在图纸上把具体接口和要求表达清楚,通过标准化提资、标准图来统一具体做法。

3.1.1 土建接口问题案例

案例一 综合楼冷凝水管影响室内标高

1. 问题描述

广州某车辆段综合楼的冷凝水管为走道敷设,如图 3.1.1-1 所示。因施工时走道无空间而改到室内敷设,施工后发现冷凝水管敷设长度较长,因冷凝水管有坡度要求,敷设后段严重影响房间标高。最不利房间的管线标高只有 2.3m 左右,如图 3.1.1-2 所示。

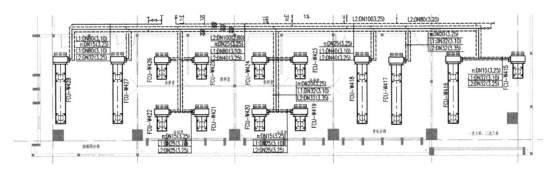

图 3.1.1-1 某车辆段综合楼冷凝水管图纸

第 3 章 车辆基地

图 3.1.1-2　某车辆段综合楼冷凝水管现场照片

2. 分析原因

冷凝水管设计时，应就近排放，不可敷设过长，要考虑对管线标高的影响。

3. 解决方案

更改冷凝水管敷设路径。由水平敷设到卫生间方式改为立管敷设方式，相邻两三间房共用一根立管，立管从顶楼通到三楼，汇合后接到卫生间，解决了影响管线标高的问题。

4. 案例总结

属于设计经验不足问题。设计人员设计冷凝水管时应考虑坡度对管线标高的影响，选择就近排放。

案例二　风管、水管与楼梯冲突问题

1. 问题描述

广州某车辆段综合楼屋顶有接往冷却塔的冷却水管，水管管径为 DN350。现场通风空调设计图纸上，冷却水管从水管井接出时，未考虑管井附近楼梯踏步的影响，直接从楼梯下方接出，如图 3.1.1-3 所示。

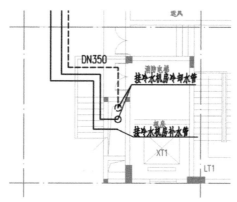

图 3.1.1-3　某车辆段综合楼屋顶冷却水管接出管路径设置图

107

现场施工单位接管后发现，水管与楼梯踏步冲突，导致水管无法接出，如图 3.1.1-4 所示。

图 3.1.1-4　某车辆段综合楼屋顶冷却水管现场照片

某车辆段洗车机及控制室一层，采用离心风管给多个房间通风。在进行施工图设计时，设计人员未考虑此处楼梯间的位置，风管直接横穿过楼梯间。如图 3.1.1-5 所示。

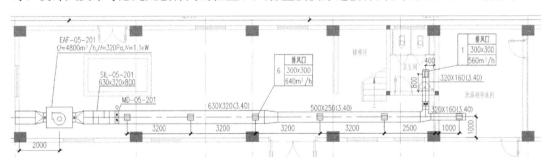

图 3.1.1-5　某车辆段洗车机库风管穿楼梯间

施工单位在施工时，发现风管与楼梯间转折平台冲突，无法穿过楼梯间，必须修改原有的风管布置方案。

2. 分析原因

设计人员未执行《建筑设计防火规范》（2018 版）GB 50016—2014 第 6.4.1 条第 3 款要求：楼梯间内不应有影响疏散的凸出物或其他障碍物，同时未考虑楼扶梯的空间布置，随意画图。

3. 解决方案

综合楼屋顶冷却水管与楼梯冲突问题的解决：经与建筑、结构协商后，由土建设计出变更通知单,由施工单位现场砸掉楼梯,保证冷却水管的接入后,在现场制作了钢爬梯。

洗车机及控制室的风管与楼梯冲突问题的解决:修改原有风管的路径,去掉横穿楼梯间的风管。原有楼梯间右侧的房间,采用排气扇进行通风。

4. 案例总结

设计应执行规范,管线尽量不要穿越疏散楼梯间,避免管线影响楼梯间的疏散空间。当实在无法避免,必须穿越时,应做土建夹层或按规范做好管线的防火封堵后再穿越。

[案例三] 风管、水管与结构梁冲突问题

1. 问题描述

广州某车辆段综合楼冷水机房有一根大梁,如图 3.1.1-6 中箭头所指方框范围所示,通风空调专业设计未考虑此梁,直接布置了设备和管线,导致现场无法施工。

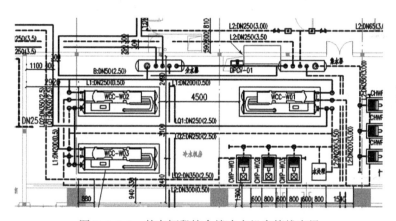

图 3.1.1-6 某车辆段综合楼冷水机房管线穿梁

在综合楼夹层内的通信设备室上方有一个 800mm 高的大梁,如图 3.1.1-7 中箭头所

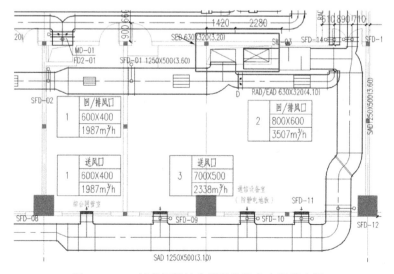

图 3.1.1-7 某车辆段综合楼通信设备室风管穿梁

指方框范围所示，但通风空调设计未注意此梁，直接布置了风管，图纸上风管最低标高3.6m。现场风管贴梁只能做到风管底标高2.7m。加上400mm厚静电地板，房间净高只剩下2.4m，不满足房间使用要求。

2. 分析原因

建筑图纸未表示房间内的翻梁，与结构图纸不一致。通风空调根据建筑图布置管线，导致设备、管线与梁冲突。

3. 解决方案

集水器移位，管线路由整改，降低静电地板高度，房间取消吊顶，牺牲部分使用功能。

4. 案例总结

建筑图纸应与结构图纸一致，施工单位用结构图施工时，应核对是否与建筑图一致。施工图设计时，环控设计应核对结构图纸。

案例四 综合楼排油烟风机噪声问题

1. 问题描述

广州某车辆段综合楼厨房排油烟风机设置于3层屋面排油烟风机房内，距离最近的司机备勤间27m。根据之前车辆基地设计经验，厨房排油烟风机运行时噪声较大，且由于消声器的耐油烟问题，安装消声器的成本较高、维护困难，因此该车辆段综合楼将厨房排油烟风机安装于3层屋面的排油烟机房内，并在机房墙外增加一面百叶墙，但运营部门仍然接到司机反馈排油烟风机运行时室内噪声较明显。

2. 分析原因

排油烟风机噪声较大，且大多设置在备勤间附近，噪声问题容易引起车辆基地工作人员投诉。

3. 解决方案

现场对正对排油烟风机房的司机备勤间进行噪声检测，3层距离排油烟机房最近的房间噪声最大，开窗64dB（A），关窗51dB（A），关窗噪声基本满足设计标准。其他房间关窗噪声均在45～50dB（A），满足设计标准。

4. 案例总结

车辆基地风机噪声问题较为明显，需在设计配合、设计、设计联络阶段着重注意。设计配合时应根据需要，合理提资土建专业预留机房，必要时可增加百叶墙、隔声玻璃等隔声措施。设计时应合理配置消声器、消声板、吸声材料等，设计联络时需将风机参数、噪声频谱提供给消声器厂家深化设计选型。

案例五 排烟窗采用上悬窗，有效排烟面积不足

1. 问题描述

深圳某车辆段综合楼，地上走道、前室排烟窗采用上悬窗，有效排烟面积不满足《建筑防烟排烟系统技术标准》GB 51251—2017第3.2.1条、第4.6.3条的规定。

2. 分析原因

环控设计充分考虑了自然排烟窗的开窗面积要求，并以有效开窗面积提资土建及幕墙

专业,并在设计文件中注明,但是在后续装修图纸中,排烟窗采用的是上悬窗形式,上悬窗的施工开窗角度一般不超过30°,换算成有效开窗面积仅为窗口面积的一半,不能达到环控设计文件中对自然排烟窗有效面积的要求。

3. 解决方案

部分悬窗通过改造拉杆等措施增加限位器释放角度,以满足开窗有效面积要求(图3.1.1-8)。

图3.1.1-8 综合楼上悬窗

4. 案例总结

后续车辆基地综合楼等单体设计自然排烟窗时应避免采用悬窗方式,环控设计会签图纸时,应重点检查开窗形式及窗户有效开启面积,确保符合相关消防规范的要求。

案例六 电气房间自然引风窗有进雨水隐患

1. 问题描述

深圳某车辆段变电所外墙自然补风口采用普通防雨百叶,遇到台风等恶劣天气时,电气房间内有进雨水隐患。

2. 分析原因

环控设计在盖外变电所的电气设备房间外墙设置普通防雨百叶,未考虑台风等恶劣天气对房间的影响,极端天气下雨水可能通过百叶进入电气设备房间,造成房间积水,对车辆基地电气设备运行造成较大安全隐患。

3. 解决方案

针对该部分防雨百叶进行改造,采用在百叶外部设置遮雨罩、内部设置挡水坎等方式,杜绝雨水通过百叶渗入室内的风险(图3.1.1-9)。

图 3.1.1-9　变电所防雨百叶

4. 案例总结

环控专业在后续项目设计时，外墙设置的外窗应充分考虑防雨措施，杜绝安全隐患。

案例七　空调机房外百叶窗的美观问题

1. 问题描述

广州某车辆段综合楼二楼餐厅空调机房外小新风口与全新风口分开设置，不利于美观（图 3.1.1-10）。

图 3.1.1-10　某车辆段立面新风口

2. 分析原因

设计人员提资外立面百叶时未考虑建筑外观的美观性，建筑、装修专业也未根据美观性提出异议。

3. 解决方案

将两个风口在外墙合并为一个，统一做一个大百叶，使立面更加美观。

4. 案例总结

装修专业设计时，应充分考虑外墙美观，对于机电专业提资孔洞应进行整合，并与提资专业确认。

案例八 车辆段检修库排烟风机的机房无防火隔断，风机就地控制箱放置于排烟机房外不满足要求

1. 问题描述

深圳某车辆段检修库，排烟风机的机房防火板安装不规范，无法满足机房耐火时间要求，爬梯与机房之间的人孔未按图纸要求设置防火隔断措施，风机就地控制箱放置于排烟机房外不满足《建筑防烟排烟系统技术标准》GB 51251—2017 第 5.2.2 条第 1 款的现场手动启动要求。

2. 分析原因

该车辆段已在 2016 年完成土建施工，后由于新版消防规范的实施，检修库区原设计的机械排烟风机需在库区盖板下夹层补充设置专用排烟机房，土建专业已按规范要求出具排烟专用机房及爬梯的补充图纸，由于工期紧张，施工单位未按照施工图纸施工，机房防火板存在安装不规范无法满足耐火时间要求、爬梯与机房之间的人孔未按图纸要求设置防火隔断措施、排烟风机就地控制箱未按要求放于专用机房内等问题，导致消防验收不过关，需要进行整改。

3. 解决方案

施工增加防火板包裹，增加机房与爬梯的人孔防火隔断措施，并将排烟风机就地控制箱转移至排烟机房内（图 3.1.1-11）。

图 3.1.1-11 检修库排烟风机房防火隔断

4. 案例总结

施工单位应严格按照施工图纸施工，及时与设计单位沟通现场问题，设计单位应加强现场巡检力度，及时发现问题。

3.1.2 机电接口问题案例

案例一　室外架空综合支吊架安装不牢，发生掉落事件

1. 问题描述

广州某车辆段的室外架空综合支吊架发生过两次掉落事件，检查发现综合支吊架位置只剩下底座，吊杆、横杆、管线全部掉落（图3.1.2-1）。

2. 分析原因

掉落的直接原因是吊杆与横杆、吊杆和底座之间的齿钢咬合连接出现滑动，发生掉落的支吊架连接件的齿钢已被磨平。事故原因包括厂家产品选型不合理、施工安装不符合要求等多方面因素。

3. 解决方案

（1）责令综合支吊架厂家进行深化设计并提供荷载计算书，设计人员复核厂家深化设计后提供的荷载计算书，包括复核管线重量、关键节点受力计算等。

（2）现场综合支吊架根据深化设计、荷载计算书进行整改。

4. 案例总结

（1）厂家应提供综合支吊架深化设计图纸及节点受力计算书给设计复核，设计确认无误签字后施工单位方可施工。

（2）车辆段综合支吊架吊杆长，管线种类多、重量大，综合支吊架受力设计要求更高。在深化设计阶段，对于大重量管线段，或弯头等关键节点，需要采用焊接支架、斜支撑等方法加固。

（3）综合支吊架选型时，尽量采用螺栓对穿型的支吊架，少用齿钢咬合连接的支吊架。齿钢咬合可能因施工安装不达标而达不到设计强度要求。

（4）在施工前，应选取设备区走道管线密集区域做样板段，样板段应做抗拉拔试验、静载试验，样板段验收合格后方可进行批量安装。

图3.1.2-1　综合支吊架掉落

管线较多的综合支吊架需做静载拉力试验，验证厂家的产品是否能满足选型要求。

案例二 运用库风管与接触网地线冲突

1. 问题描述

福州某车辆段运用库内，供电专业架空地线实际安装高度高于接触网，导致库内通风兼防排烟风管与架空地线安装过近，不满足安全距离要求（图3.1.2-2）。

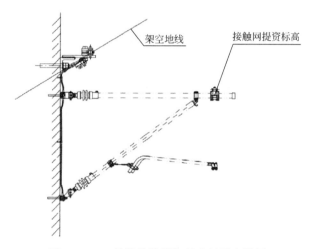

图3.1.2-2 结构柱腕臂与架空地线大样图

2. 分析原因

接触网专业提资建筑专业时，仅提供接触网本身标高，未提供架空地线标高。

3. 解决方案

（1）经与运营沟通，供电专业将架空地线改为腕臂中间位置（图3.1.2-3），降低架空地线标高，以避免地线对通风及排烟管线的影响。

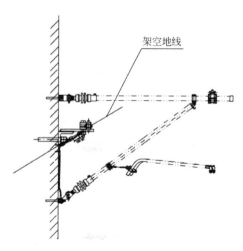

图3.1.2-3 修改架空地线位置

(2) 提高通风及排烟风管底标高，以满足供电架空地线的要求。

(3) 架空地线局部做下弯，绕过风管。

4. 案例总结

供电专业提资建筑专业及综合管线专业时，对管线应提资完整，通风空调专业根据综合管线图布置风管时应尽量远离接触网区域。

案例三 0.4kV 开关柜室排风管与控制柜及上出线缆冲突

1. 问题描述

福州某车辆段维修后勤楼一层 0.4kV 开关柜室，原方案排风系统贴梁布置，水平避开配电柜正上方（图 3.1.2-4），且距离下方配电柜上出线缆提资高度 800mm，满足供电专业要求。现场反馈土建梁标高与图纸不符，且配电柜设计有改变，在 IP8 至 IP9 柜之间需上突一个母线桥，与旁边风管过近，不满足《工业与民用供配电设计手册》（第四版）要求的 0.1m 防护距离。

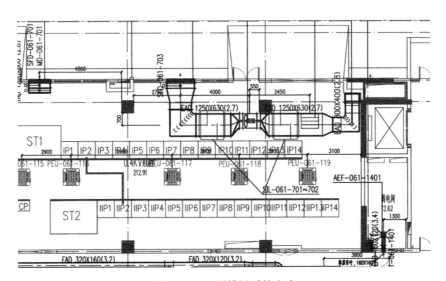

图 3.1.2-4 原排风系统方案

2. 分析原因

土建现场与建筑图纸不符，配电柜深化设计修改配电柜位置后未及时提资给通风空调专业，导致房间内风管与配电柜距离不满足规范要求。

3. 解决方案

水平风管和风机整体往外墙方向移动 100mm，风机向右调整至柱子旁，风机左侧原偏心天圆地方改为同心天圆地方，保证风管的支吊架距供电柜边缘至少 100mm 以上（图 3.1.2-5）。

4. 案例总结

车辆段的维修楼、综合楼都应做综合管线设计，避免各系统管线路径无规划，各专业均应提资完整设备、管线给综合管线专业进行统一规划布置，避免各专业管线与设备冲突。

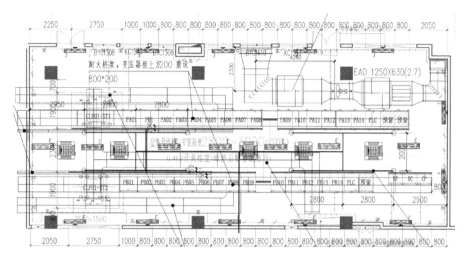

图 3.1.2-5 修改后的排风系统

3.2 给水排水及消防

车辆段给水排水及消防典型错漏案例主要从消防、给水、排水、土建接口和机电接口五个方面分类,共有 10 个案例,其中消防问题 2 个案例,给水问题 2 个案例,排水问题 3 个案例,与土建接口 2 个案例,与机电接口 1 个案例。

消防常见问题主要出现在消火栓箱设置、喷淋系统设置等方面;给水常见问题主要出现在卫生间水量不足及检修平台给水管道敷设方面;排水常见问题主要出现在室外排水接驳路由冲突、室内排水接管困难等方面;与土建接口常见问题主要出现在消防水池与结构侧墙冲突、变形缝导流槽与消防管道冲突等方面;与机电接口问题主要出现在室外架空管线综合支吊架敷设方面。解决方案是在不违反规范的前提下,结合现场实际情况按工程代价最小的原则解决,并尽量便于运营后续检修维护。案例总结是反思如何在设计阶段避免此问题重复发生,明确具体要求和做法,在图纸上把具体接口表达清楚,通过形成标准化做法或措施来统一规避。

3.2.1 消防案例

案例一 停车场维修运转楼屋顶消火栓保护不足

1. 问题描述

广州某停车场维修运转楼建筑高度 58.40m,为地上 12 层的一类高层建筑,建筑屋面设有热水泵房、消防稳压泵房、电梯机房、加压机房和排烟机房。屋面层仅设一个天面试验消火栓,设备房任何地方不具备两股水柱同时保护的条件。

涉及规范:《消防设施通用规范》GB 55036—2022 第 3.0.5 条:室内消火栓系统应符合下列规定:

……

3 在设置室内消火栓的场所内,包括设备层在内的各层均应设置消火栓。

2. 分析原因

设计未严格执行规范。在现场施工后期的消防审查中,审图专家提出屋面设备房任何位置应同时在消火栓两股水柱的保护范围内。

3. 解决方案

根据屋面房间实际布置情况,新增3个消火栓。

4. 案例总结

参照《消防给水及消火栓系统技术规范》GB 50974—2014 第 7.4.3 条和《建筑设计防火规范》(2018 版) GB 50016—2014 第 8.3.1 条第 4 款,建议屋顶风机房、水泵房等设备间设消火栓系统、喷淋系统保护,但未做强制要求。

根据《广州市建设工程消防设计、审查难点问题解答》中对屋顶单独设置的风机房、水泵房等设备间是否需要设消火栓系统、自动喷水灭火系统保护的回答,根据《建筑设计防火规范》(2018 版) GB 50016—2014 附录 A,当占屋面面积不大于 1/4 时,建筑屋顶上出的局部设备用房、出屋面的楼梯间可不计入建筑高度及建筑层数,可不设置消火栓、自动喷水灭火系统;当占屋面面积大于 1/4 时,建筑屋顶上出的局部设备用房、出屋面的楼梯间要计入建筑高度及建筑层数,应按正常使用楼层设置消防设施。该回答明确了屋面设置消火栓系统和喷淋系统的条件。

综上,对于地铁工程中综合楼类建筑屋面消防设计,建议从严考虑设置消火栓系统和喷淋系统,保障消防安全,同时减少后期审查验收的不必要麻烦。

案例二 中间天井处自喷系统设置问题

1. 问题描述

车辆基地中,运用库辅跨办公楼内设置了中间天井,此处按规范设置了自动喷水灭火系统,安装与检修都较困难(图 3.2.1)。

图 3.2.1 采光天井设置自动喷水系统

2. 分析原因

设计未充分了解建筑方案,系统设置考虑不周。

3. 解决方案

后续车辆基地若有此情况,可尝试采用水炮系统代替自动喷水灭火系统。

4. 案例总结

自动喷水灭火系统应与建筑、装修配合,对于层高较高的空间,应尽量减少设备、管线布置,减少后期维护工作量,因地制宜选择方案。

3.2.2 给水案例

案例一 卫生间冲洗水量较小

1. 问题描述

广州某停车场设置有综合楼 1 座,为地面 3 层建筑,综合楼供水方案为:1 层采用市政给水管网直供,2~3 层采用加压供水,并采用脚踏式蹲式大便器,由于市政水压较低,达不到脚踏式蹲式大便器的额定工作压力,导致大便器冲洗时水量很小,达不到洁净效果(图 3.2.2-1)。

图 3.2.2-1 蹲便间卫生间条件

2. 分析原因

施工图设计时，未充分考虑市政水压偏低、市政水压不稳定、高峰用水时水压低等情况，且选择的脚踏式大便器所需的额定水压偏大，造成大便器冲洗时无法出水或出水量较小。

3. 解决方案

将脚踏式蹲式大便器改为额定水压较低的水箱式蹲式大便器。建议生活用水采用市政给水管网直供时，尽量避免采用额定水压高的脚踏式大便器，优先选用额定水压低的水箱式大便器或感应式大便器等。

> **案例二** 车辆基地预埋给水管破裂

1. 问题描述

车辆基地的运用库高位检修平台的给水管，由于诸多限制原因，无法通过支吊架进行敷设，只能进行预埋布置。无锡地铁3号线某停车场，预埋给水管施工过程中，上层混凝土浇筑时下方管位受到挤压后爆管，使得原路径无法检修和使用，只能通过开凿混凝土的方式进行二次施工（图3.2.2-2）。

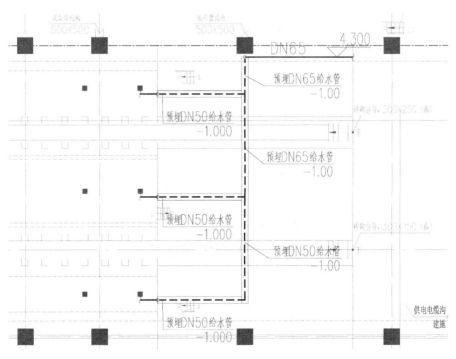

图 3.2.2-2 运用库高位检修平台给水管布置路由

2. 分析原因

给水管按照常规支状布置。水管一处爆管后无备用管路可使用（设计层面）；套管为整体套管，浇筑混凝土时套管捆扎不到位时容易单点受力导致管位偏移；未考虑检修条件及可行性。

3. 解决方案

开凿混凝土进行二次施工。

4. 案例总结

此类预埋管线应尽量采用明装敷设，若采用预埋方式，则建议环状布置，一处爆管后可关闭阀门废除爆管管线，不影响正常使用；预埋部分套管采用分段式，以降低浇筑上层混凝土时带来的影响；此类预埋位置应设置多处阀门，检修时可减少混凝土开挖和替换管材的工程量。

3.2.3 排水案例

案例一　某停车场排水接驳管与电缆沟冲突

1. 问题描述

某停车场在准备实施本工程排水接驳工程时，市政路改造工程也在进行施工，相关单位正在浇筑电力管沟，电缆沟沟底基本上与市政接驳检查井井底相平，导致排水管无法接入市政接驳检查井（图3.2.3-1）。

涉及规范：《建筑给水排水设计标准》GB 50015—2019 第4.10.4条第4款：

小区排出管与市政管渠衔接处，排出管的设计水位不应低于市政管渠的设计水位。

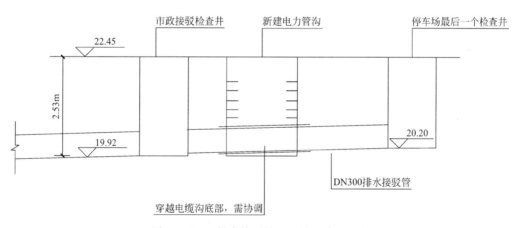

图 3.2.3-1　排水接驳管与电缆沟冲突示意

2. 分析原因

设计未充分摸查外部市政条件调整或变化情况，导致接驳方案无法实施。

3. 解决方案

与市政、电力相关单位协商，将局部电缆沟改为电力排管，并适当调整排管敷设高度，预留出排水管通道，以解决该碰撞问题。同时为避开现状箱涵，需对排水接驳管道连接部位进行小角度偏转。经核实，本工程排水管采用HDPE双壁波纹管，DN500以下规格管道密封圈插口接头角度偏转允许值为3°，采取上述措施后，可保证顺接至市政排水检查井（图3.2.3-2）。

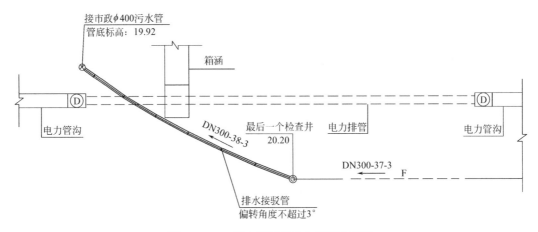

图 3.2.3-2 排水接驳整改方案路由示意

4. 案例总结

项目室外排水系统方案的确定,除与当地排水管理部门沟通协调外,也必须掌握排水接驳路由上既有或新建的各类市政管线、构筑物的情况,以核实方案的可行性。

案例二 洗车库溢流管数量多,接管困难

1. 问题描述

某车辆基地洗车库经工艺专业补充提资后,溢流管数量达到 9 根,此时室外废水管网已实施完成,可接入的废水井仅两处,无法满足溢流管接管需求(图 3.2.3-3)。

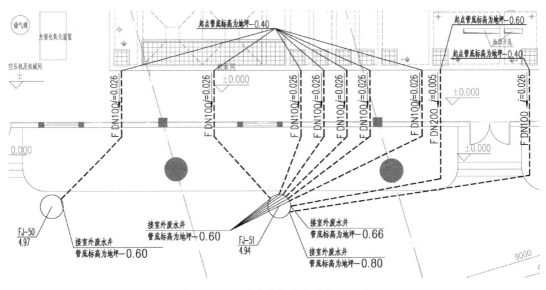

图 3.2.3-3 溢流管与废水井数量关系

2. 分析原因

工艺专业根据洗车机厂家提供的设备图纸修改了提资。室外管网设计时对洗车机排水

需求不敏感，未落实工艺专业反馈的修改提资，导致预留废水井数量过少。

3. 解决方案

在洗车库门前硬化地面补充排水沟两处，将溢流管排水汇合后再接入道路上的废水井（图 3.2.3-4）。

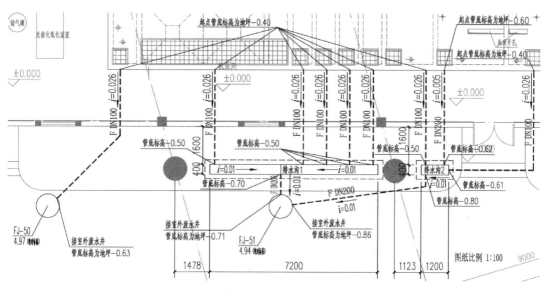

图 3.2.3-4　整改方案

4. 案例总结

洗车机排水需求较大，溢流管数量往往较多，设计时应考虑在洗车库门前加密废水井或设置排水沟汇水，同时工艺专业修改提资应及时反馈至给水排水专业。

案例三　岗位空调与拖把池冲突

1. 问题描述

某车辆段库房检修平台处拖把池与岗位空调设置在同一位置，拖把池与岗位空调安装位置冲突（图 3.2.3-5）。

2. 分析原因

施工图阶段，环控专业仅提资空调进出水管孔洞及空调位置示意，未提资空调具体轮廓线，导致出现后续岗位空调与检修平台处拖把池冲突，拖把池的给水、排水管道无法正常安装。

3. 解决方案

空调专业将岗位空调具体位置及外轮廓尺寸补充进图纸，工艺专业在减少改动的情况下微调拖把池位置，给水排水专业按照调整后的拖把池位置重新在检修平台处开孔并敷设管道（图 3.2.3-6）。

4. 案例总结

各专业应重视专业提资问题，施工图阶段需将自己专业的设备基础、基坑、设备占地轮廓等空间相关信息提资给建筑专业，建筑专业再根据各专业提资局部调整专业提资内容，返资设备专业确认。

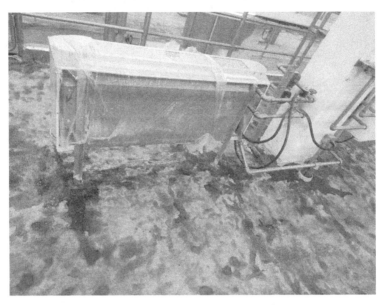

图 3.2.3-5 某车辆段库房检修平台拖把池与空调安装位置冲突

图 3.2.3-6 整改后现场安装图

3.2.4 与土建接口问题案例

案例一 车辆段维修运转楼消防水池取水口与结构冲突

1. 问题描述

广州某车辆段维修运转楼消防水池取水口与负一层地下室顶板在平面上局部重叠。取水口及其连接管底标高应为地面以下 4.5m，地下室顶板覆土仅 1m；另外地下室外均为室外结构路基埋地架空板，架空板完成面标高为地面以下 3m。因此，消防水池取水口无法设置（图 3.2.4-1）。

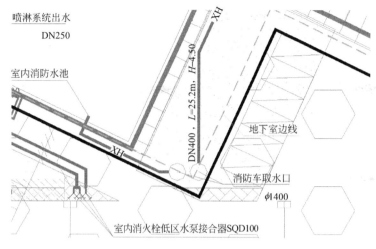

图 3.2.4-1　消防水池取水口位置示意

2. 分析原因

消防水池取水口在室外给水排水及消防总图上表达，建筑专业在建筑总图上对维修运转楼地下室区域范围表达缺失，导致取水口与地下室设置冲突。本项目中维修运转楼和室外总图分别由不同设计人员完成，室外设计对维修运转楼建筑特点不熟悉，维修运转楼设计对室外给水排水构筑物不了解，导致问题产生。

3. 解决方案

经与结构专业配合，局部破除与地下室相接的外侧结构架空板，消防水池和连通管设置在架空板破除后的区域，并对该区域地基采取防沉降处理措施，如图 3.2.4-2、图 3.2.4-3 所示。

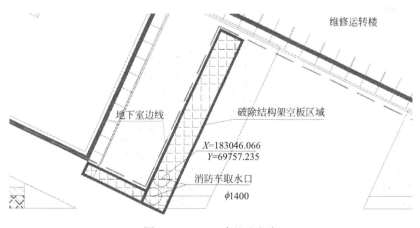

图 3.2.4-2　土建整改方案

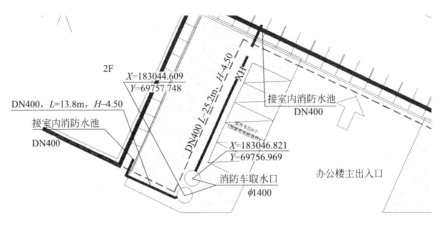

图 3.2.4-3 取水口位置调整方案

4. 案例总结

车辆基地项目规模大,给水排水及消防专业往往由多个设计人员共同完成,不同板块内容之间接口多且繁杂,尤其是室外总图与各单体间的接口。建议后续车辆基地项目给水排水专业应设置总负责人,牵头对给水排水总图及单体之间的接口进行梳理和明确。

案例二 车辆基地库房消防管道与变形缝接水槽冲突

1. 问题描述

某车辆基地检修库及运用库内各有两条变形缝,建筑专业在变形缝下设置了接水槽,接水槽与已安装的消防管道冲突(图 3.2.4-4)。

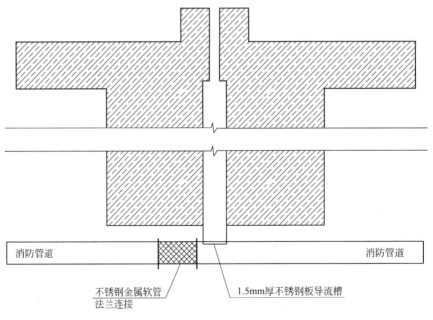

图 3.2.4-4 变形缝接水槽与消防管道冲突

2. 分析原因

增设接水槽为施工过程中的新增内容，此时大部分消防管道已实施。考虑到库房上方各管线走管空间较局促，故消防管道安装时尽量贴近梁底安装；又因消防管道及接水槽分属两家施工单位实施，两者在标高上形成冲突。

3. 解决方案

如图 3.2.4-5 所示，拆除原金属软管后，将原管道切割，并新增长度为 2m 的新金属软管，利用金属软管自身的弯曲为集水槽留出空间。

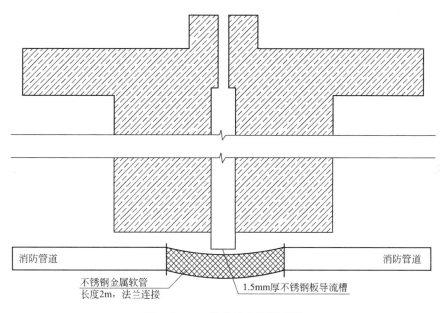

图 3.2.4-5　整改后方案示意图

4. 案例总结

在上盖物业开发过程中，车辆段盖板的防水易被破坏，变形缝极易渗水。业主往往会要求在变形缝下方设置接水槽。设计消防、给水、雨水管道时应考虑管道在标高上避让接水槽。

3.2.5　与机电接口问题案例

案例　室外架空喷淋管安装

1. 问题描述

某半地下车辆段室外喷淋管道采用架空敷设，喷淋管与敞口消防车道处的疏散楼梯冲突，管道无法正常敷设（图 3.2.5-1）。

2. 分析原因

原喷淋管设置在疏散楼梯对侧（图 3.2.5-2），与其他专业的桥架、管道一起设置在综合支吊架上，悬挂在建筑顶板下方。因喷淋管较重，含喷淋管和不含喷淋管的综合支吊架单价差异较大，后期综合支吊架深化时未充分考虑，水管未设置在综合支吊架处，而既有位置也无法再加设支架安装喷淋管，导致喷淋管只能设置在疏散楼梯侧。

图 3.2.5-1 喷淋干管支架安装与疏散楼梯冲突

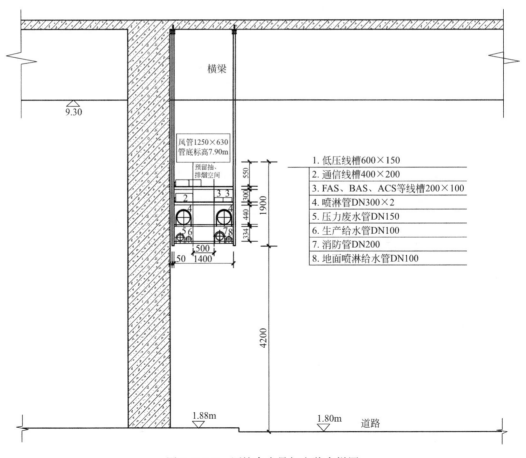

图 3.2.5-2 原综合支吊架安装大样图

3. 解决方案

在疏散楼梯投影区域内设置地面管沟,架空的喷淋管道在疏散楼梯附近敷设在管沟内,同时在穿楼梯处预留过管槽,喷淋管在穿过疏散楼梯后再继续架空敷设(图 3.2.5-3、图 3.2.5-4)。

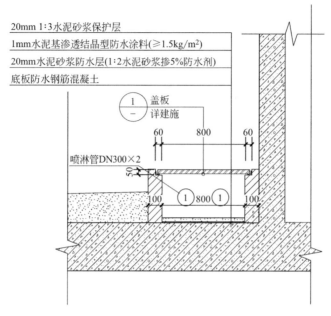

图 3.2.5-3　地面管沟布置图

图 3.2.5-4　整改后现场情况

4. 案例总结

综合管线专业设计时应考虑给水排水管线放置在综合吊架上，对于施工单位深化后的图纸，给水排水专业应进行核实，若未按管综设计图纸统筹设置，应要求施工单位落实。

第4章 区间给水排水及消防

区间给水排水及消防典型错漏案例主要从消防、排水和接口三个方面进行分类,共有19个案例,其中消防问题2个案例,排水问题10个案例,接口问题7个案例。

消防常见问题主要出现在区间消防管过轨、消防管与其他专业管线冲突等方面;排水常见问题主要是高架区间排水、地面路基段排水、区间废水泵房布置等方面;接口常见问题主要出现在区间管道敷设位置与轨道结构预埋、管道支架与滑槽安装冲突等方面。解决方案是在不违反规范的前提下,结合现场实际情况按工程代价最小的原则解决,并尽量便于运营后续检修维护。案例总结是反思如何在设计阶段避免此问题重复发生,明确具体要求和做法,在图纸上把具体接口表达清楚,通过形成标准化做法或措施来统一规避。

4.1 消防案例

案例一 区间消防管道与轨道排水沟冲突问题

1. 问题描述

区间联络通道处消防管道过轨,需穿越轨道排水沟,对轨道排水沟排水顺畅度造成影响(图 4.1-1)。

图 4.1-1 区间消防水管道过轨与轨道排水沟冲突示意

2. 分析原因

轨道设计在区间联络通道处预埋消防水管的侧沟深度预留不足,导致横跨 DN100 的消防水管(轨面以下 300~400mm 范围)遮挡大部分侧沟排水路径(轨面以下 275~400mm,即 125mm 的过水高度)。

3. 解决方案

调整消防水管弯头，如图 4.1-2 所示。

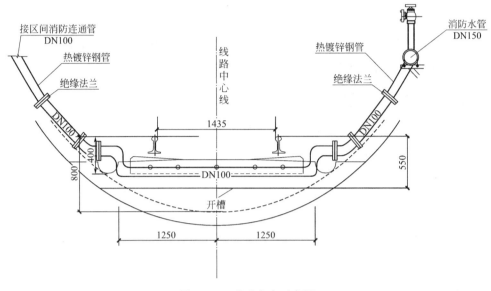

图 4.1-2 整改方案示意图

水专业针对消防管两边弯头进行变更，以先上跨道床侧沟后落入轨道预留的横向沟槽形式横向过轨，此方案不涉及消防管试压及更换管材费用。区间联络通道废水泵房地段预埋过轨管线（消防水管、压力废水管），在端部加弯头，进而跨接在道床侧沟之上（不侵入限界），从而道床侧向水沟不会被过轨管线遮挡。

4. 案例总结

预埋消防管道在铺轨阶段预埋，有弧度的地方加工为特制的弯头；轨道可采用设置中心水沟形式，中心水沟通过周边横沟和附近道床侧沟过渡，因为横向过轨槽深度高于中心水沟沟底，故不影响中心水沟排水。

案例二 区间消防管与其他专业管线冲突

1. 问题描述

广州某线路区间在安装区间消防管时发现安装位置已安装低压维修箱，无法正常安装区间消防管（图 4.1-3）。另有无锡某线路工程区间消防管进洞口处，管道与通信托架冲突。

2. 分析原因

施工图设计时，限界专业未充分了解各个断面设备布置的区别，未出具不同断面下的区间管线安装大样图。

3. 解决方案

（1）将消火栓管局部下弯，避让隔离开关柜。

（2）消防管道在避开弱电专业的托架后，贴地安装，支架设置在底板上。

整改后现场安装情况如图 4.1-4 所示。

第 4 章 区间给水排水及消防

图 4.1-3 区间消防管与低压维修箱冲突

图 4.1-4 整改后现场安装情况

4. 案例总结

各区间系统专业都应完整提资限界专业设备和管线的大小、尺寸，由限界专业统一规划，各专业施工安装时严格按照限界和区间综合管线专业规划的空间和路径进行安装；同时设备、限界和给水排水的图纸上都应补充说明，当区间其他电专业设备柜子安装时应避开管线，当无法避开时，应与涉及管线专业沟通后再安装。

4.2 排水案例

案例一 高架区间排水不畅

1. 问题描述

某高架区间采用雨水斗排水，雨季高架桥积水比较严重，无法及时排出，局部位置电缆直接淹没在积水中，严重影响列车的安全运行（图 4.2-1、图 4.2-2）。

图 4.2-1　高架区间积水情况

图 4.2-2　高架区间雨水斗安装情况

2. 分析原因

(1) 施工期间垃圾较多,未及时清理,影响高架桥排水组织。

(2) 施工不规范,部分雨水斗斗身被掩埋。

(3) 部分弱电电缆直接敷设在桥面上,阻碍排水流动。

(4) 排水点未设置在道床最低点,无法有效收水。

3. 解决方案

让施工单位及时清理垃圾;向施工单位明确要求雨水斗处找坡做局部低点,同时雨水斗四周留出收水路径,避免斗身被掩埋;变形缝两侧结构板都设置雨水斗,避免雨水滞留(图 4.2-3)。

图 4.2-3 雨水斗周边找坡及收口示意

4. 案例总结

施工图设计时,注意向桥梁设计提资雨水斗的具体位置,包括变形缝两侧都应设置雨水斗;雨水斗应设置在道床局部最低点,并且最低点四周应找坡坡向雨水斗;交底和施工配合阶段,需提醒施工单位及时清理施工垃圾,避免堵塞;同时,与强弱电专业加强沟通,线缆尽量不要大面积直接敷设在道床上。

案例二 线间距大的区间排水安全隐患

1. 问题描述

某地下区间因左右线间距较远,为降低土建风险,线路最低点的联络通道泵房采用下沉式废水泵房方案。建设期间,多次发生水淹泵房情况(图 4.2-4)。下沉式废水泵房剖面构造如图 4.2-5 所示。

2. 分析原因

建设期土建条件不完善,区间渗滤水较多,而此时泵房内正式水泵尚未安装,平时发

图 4.2-4 下沉式废水泵房现场环境

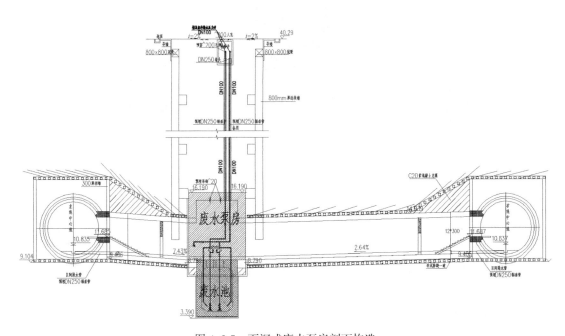

图 4.2-5 下沉式废水泵房剖面构造

现积水后靠施工单位小排量的临时泵抽排，临时泵不具备自动抽排功能，当雨季来临时，水量较大，积水不能被及时抽出，同时因泵房为下沉式泵房，故无法及时发现泵房被淹的状况；此外，施工期区间最低点至泵房集水井处预埋的排水槽、排水铸铁管未进行有效保护，发生破裂后漏水严重，进一步加重泵房地面的积水。

3. 解决方案

针对该下沉式泵房，在不影响供电能力的前提下，增加泵房内排水泵的排水能力，确保积水能及时快速排出室外；同时，降低排水泵的二泵启泵液位，当冲洗隧道或其他特殊情况造成液位快速上升时，二泵可及时启动，降低积水风险；此外，将水泵的水泵控制柜、配电箱移至泵房高位附近，防止隧道积水较多时，水泵控制柜、配电箱被水淹的风险；水泵快速接头移动到疏散平台附近，便于运营人员发现泵房被淹后及时用临时泵抽排。

4. 案例总结

针对特殊形式的区间废水泵房，设计时应从高效排水、运营服务多角度去思考排水问题。如本区间左右线间距较大，可在设计阶段考虑左右线各设置一个废水泵房，避免采用下沉式泵房带来的排水安全隐患；如避免不了而最终采用了下沉式泵房，建议泵房内设置三台能自动启动的排水泵，一用两备，并适当增大单台水泵的排水能力；同时，在下泵房位置设置高位检修平台，泵房内的重要设备，如水泵控制柜、配电箱和用于临时抽排的快速接头设置在检修平台上，便于发生突发事故时，排水能正常进行。

案例三 U 形槽雨水泵房排水出户管路由无法敷设

1. 问题描述

某出入段线 U 形槽雨水泵房位于牵出线轨行区正下方，泵房排水出户管位置影响行车，同时出户管路径不便于安装管道固定支架及后续运营维护、检修。雨水泵房平面布置如图 4.2-6 所示，牵出线轨行区现场情况如图 4.2-7 所示。

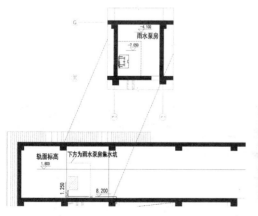

图 4.2-6 雨水泵房平面布置图

图 4.2-7 牵出线轨行区现场情况

2. 分析原因

施工图设计时，土建图纸没有表示牵出线处的轨道及上方建筑布局，给水排水设计时未与建筑专业核实，直接利用泵房上方空间走管。

3. 解决方案

结合现场实际情况，设计提出排水扬水管从雨水泵房集水井接出后，沿泵房顶板下沿敷设至牵出线,并沿牵出线侧墙接至排烟井,后通过排烟井上方开口接出室外,埋地敷设后接入附近绿化带处的站场雨水排水沟(图4.2-8、图4.2-9)。

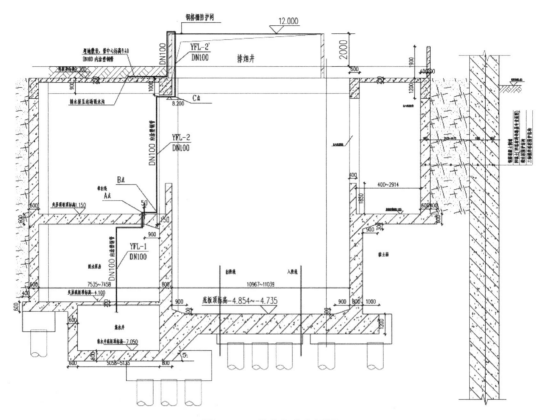

图 4.2-8 整改方案布置图

图 4.2-9 现场整改路径示意

4. 案例总结

给水排水设计人员应看懂建筑图纸，清楚建筑布局，要求建筑提资完整土建设施并细化给水排水设计方案时，需考虑水管对其他设施的影响，同时应认真会签建筑图纸。

案例四 区间内置式泵房液位计安装空间不足

1. 问题描述

宁波某线路区间内置式泵房集水井原设计采用超声波液位计，在试验段施工过程中发现在集水井竖向超声波液位计的安装空间不足，不能有效自动启停水泵（图 4.2-10）。

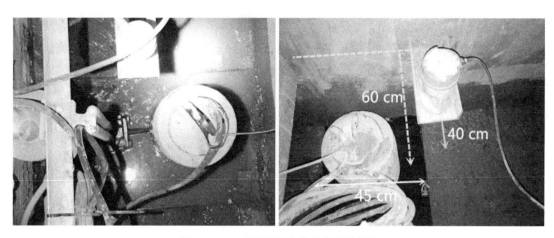

图 4.2-10 内置式泵房集水井安装现状

2. 分析原因

内置式泵房超声波液位计安装后探头距泵坑坑底约 620mm，市面上的超声波液位计探头下方有约 200mm 盲区，实际有效测量水位深度约 420mm。部分泵坑实际现场实施深度仅有 600mm，液位计实际有效测量水位深度更低。因此，超声波液位计均不能有效自动启停水泵。

3. 解决方案

采用投入式液位计替换超声波液位计（图 4.2-11）。

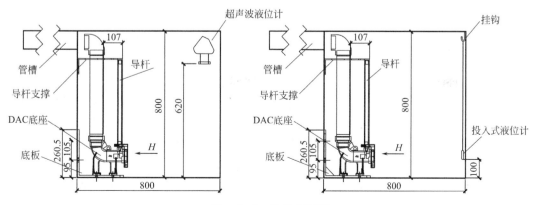

图 4.2-11 整改方案图

4. 案例总结

区间内置式泵房集水井一泵起泵水位为泵坑底以上500mm，二泵兼高报警水位为泵坑底以上800mm。因内置式泵房液位计安装不能凸出集水井盖板，有效测量距离需扣除液位计本体长度及探头下方无效区域，导致超声波液位计不能满足水位检测要求。在后续线路设计中，对于垂直空间受限的地方，对液位计的选择应充分考虑设备本身的性能参数，避免影响水泵的自动启停。

案例五　区间洞口雨水泵房排水能力不足

1. 问题描述

区间地下段出入洞口处设置雨水泵站，用于排除洞口处U形槽段雨水，汇水面积约为4370m²。泵站按设计重现期50年、降雨历时10min配置排水泵，雨水设计流量约为883m³/h。泵房设雨水泵3台（200WQ300-20-30），考虑3台泵同时启动，各泵分别独立设置DN200扬水管至U形槽区域外。泵站排水设计能力满足U形槽区域范围的雨水排放要求。U形槽与高架段连接，其中高架桥段（约1128m）桥面排水坡向U形槽，桥面坡度为0.025～0.028。此段高架段在每联桥伸缩缝位置设置高100mm挡水坎，截流水通过桥面DN150雨水斗排放。据现场了解，由于桥面坡度较大，暴雨情况下雨水快速大量漫过挡水坎顺排至U形槽位置，造成汇水面积大大超过设计范围，导致过载雨水顺势流入区间造成水浸。

涉及规范：

《地铁设计规范》GB 50157—2013第14.3.1条第5款：高架区间、敞开出入口、敞开风井及隧道洞口的雨水泵站、排水沟及排水管渠的排水能力，应按当地50年一遇的暴雨强度计算，设计降雨历时应按计算确定。

《地铁设计规范》GB 50157—2013第14.3.4条第6款：洞口的雨水不能自流排放到洞口外时，应在洞口适当位置设排水泵站，并应在洞口道床的适当位置设横向截水沟。

2. 分析原因

设计措施冗余不足。

3. 解决方案

对于桥面雨水流入U形槽主要有以下两个原因：一是桥面雨水斗安装高度偏高或偏低而影响排水效果；二是在大坡度桥面上仍然采用常规的100mm挡水坎无法进行有效拦截，导致大量雨水越过桥面挡水坎及桥梁伸缩缝流入U形槽。因此，首先在土建原有的100mm挡水坎基础上，在泄水孔下方另行设置300mm高挡水坎，加高部分采用植筋与旧挡水坎进行连接，确保每跨桥面有效截留全部雨水，分区排放。其次对桥面雨水斗、排水管道进行疏通清理，对于雨水斗安装不符合设计要求的，必须整改处理，以保证排水效果。最后，雨水泵房设置的3根DN300球墨铸铁管及道床过轨横沟，排水设计能力基本满足U形槽段区域范围排水要求，考虑到施工误差，宜优化过轨横沟，开凿加深左、右线三道排水横沟，使左右线汇水坑的积水第一时间排入雨水泵房集水井。

4. 案例总结

对于高架桥桥面排水问题，首先需保证每段桥梁雨水斗严格按照设计图纸施工到位，特别在设计交底及施工配合过程中要向施工单位交代清晰明确。其次，应关注高架桥面坡度，对于线路排水坡度较大的高架桥，应将挡水坎高度加高到 300mm，提高挡水坎后，一方面能有效地截水，保证各段桥面分区分段排水，另一方面，对于一些现场未按设计图纸安装到位的雨水斗，如积水面高出桥面 100mm 以内的雨水斗，提高积水深度也可间接解决雨水斗排放的问题。对于洞口道床设置横向截水沟，虽然排水能力满足设计要求但富余不多，考虑到施工误差，截水沟排水能力应考虑设计冗余，特别是其他无关管线不得占用截水沟过轨走管。

案例六　路基段排水问题

1. 问题描述

某停车场路基段均为硬化路面，排水量大，排水泵流量偏小，不满足出入段线的排水要求。暴雨时线路最低点可能存在水淹的危害，严重影响运营安全（图 4.2-12、图 4.2-13）。

图 4.2-12　停车场路基段地面情况（一）

图 4.2-13　停车场路基段地面情况（二）

2. 分析原因

(1) 出入场线轨道道床形式由原碎石道床改为整体道床，雨水径流系数增大，雨水排水量增加近一倍。

(2) 成都暴雨强度公式在2015年进行了重新修编，雨水排水量增加了1/3。

(3) 路基专业整体排水方案欠佳，未按"高水高排、低水低排"的原则对排水区域进行分解，而是将全区域雨水统一汇入泵房进行排水。

(4) 轨道、路基及给水排水专业间缺乏沟通，未及时提资，排水方案未整体考虑。

3. 解决方案

(1) 经多专业现场核查，该车站至停车场整个区域总汇水面积共27000m²，且整体均高于市政路面标高。

(2) 重新对该区域进行回水面积划分，共分三个区域，单独设置排水管或排水沟，采用重力流形式将地面雨水汇流，排至市政雨水管渠。局部下穿隧道内可采用压力排水（图4.2-14）。

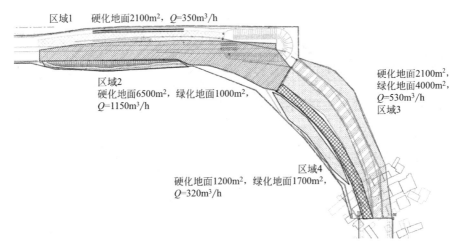

图4.2-14 整改后汇水面积划分示意图

4. 案例总结

(1) 地面区间应按"高水高排、低水低排"的原则对整体排水区域进行划分，根据外部接口条件，综合考虑排水方案。

(2) 轨道交通系统涉及专业较多，各专业间提资应及时，需统筹考虑排水方案。

案例七 区间联络通道废水泵房疏散门开度不够

1. 问题描述

区间联络通道废水泵房疏散门无法打开至90°，影响区间疏散（图4.2-15）。

2. 分析原因

(1) 设计阶段未考虑管道与疏散门开启后的空间关系，导致位置冲突。

(2) 闸阀安装角度不当，阻挡疏散门开启。

第4章 区间给水排水及消防

图 4.2-15 区间泵房疏散门与阀门冲突

3. 解决方案

施工单位整改管道，确保开门角度满足规范要求。

4. 案例总结

（1）设计提资阶段应根据土建情况，充分考虑管道、孔洞与门洞、开门角度的关系。线间距较小的区间，建议泵房门口留 400mm 的走管空间。

（2）设计交底应明确区间疏散门开启角度要求，提醒施工单位注意阀门的安装角度，避免冲突。

案例八 暗埋雨水管道堵塞导致排水不畅

1. 问题描述

2022 年 6 月至 7 月期间，佛山遭遇最强"龙舟水"。图 4.2-16 为 3 号线南段某高架区间雨水通过集水器外溢。

2. 分析原因

预埋在桥墩内部的铸铁排水管道堵塞，无法顺利排水。

3. 解决方案

雨水立管堵塞无法疏通，将暗装管道改为明装管道。

4. 案例总结

高架区间排水立管建议明敷。若高架区间采用立管暗埋的方式敷设，建议各级管理部

图 4.2-16　高架区间雨水通过集水器外溢

门增加对应的管理措施，包括但不限于：

(1) 土建移交轨道前需做雨水管通水试验，监理单位做好监督记录工作，相关记录材料一并移交给轨道施工单位，签字确认雨水斗是否完好、排水管是否堵塞。土建移交轨道前堵塞管道的疏通工作由土建单位负责。

(2) 轨道施工单位在铺轨期间应做好成品保护，防止建筑垃圾等堵塞雨水管。轨道施工单位移交运营前需做雨水管通水试验，监理单位做好监督记录工作，作为正式材料移交运营单位。轨道移交运营单位前堵塞管道的疏通工作由轨道施工单位负责。

(3) 以上措施需在设计相关图纸、专业间提资及技术交底材料中明确。

案例九　与车站交界的高架区间排水不畅

1. 问题描述

区间雨水无法顺利通过雨水系统排放，沿桥面流至车站及区间的变形缝处，外溢至车站，通过车站主体墙壁及窗户等开孔，部分雨水渗入房间（图 4.2-17、图 4.2-18）。

2. 分析原因

(1) 挡水坎高度不足，桥面防水层、保护层等完工后，桥面实际完成面基本与挡水坎平齐，挡水坎无法满足拦截雨水的功能。

(2) 桥面雨水斗并未设置在最低点，且有较多施工杂物堵塞雨水口，雨水无法通过区间雨水系统及时排放。

3. 解决方案

(1) 车站与区间接口处变形缝加高挡水坎，阻止区间的雨水汇集到车站内。

(2) 施工单位现场核查雨水斗的标高是否位于最低点，不满足要求的要进行整改。

图 4.2-17 区间雨水斗被堵

图 4.2-18 区间雨水外溢至车站

(3) 清通杂物。

4. 案例总结

(1) 车站与区间接口处应设置挡水坎,挡水坎高度不小于 15cm,且挡水坎顶部标高不应低于桥面防水层及保护层的最终完成面标高。

（2）南方城市降雨量较大，建议车站及区间系统设计应在车站与区间交界处均增设雨水斗，强化排水措施，防止雨水进入。车站雨水斗设置在交界处的车站轨行区内（每股道至少设置 1 处），区间雨水斗设置在交界处的轨道两侧及中间（即至少 3 处）。

（3）应在土建图纸上明确桥面坡度坡向雨水斗，且反坡区域应单独绘制坡度及排水方向，确保雨水斗自始至终处于汇水区域内的最低点。

案例十　高架岔区平坡段区间排水不畅

1. 问题描述

高架岔区平坡段区间长期无法正常排水，雨水淤积在轨道之间，滋生蚊蝇，影响观感（图 4.2-19）。

图 4.2-19　区间积水滋生蚊蝇

2. 分析原因

（1）雨水斗安装位置落在道床施工范围，导致道床施工时部分雨水斗被其封堵，无法实现排水功能。

（2）轨缝间被信号、动力等线缆侵占，轨道两侧雨水无法排入线路中线处的雨水斗。

3. 解决方案

重新打孔，在桥面实际最低点位置增设雨水斗（图 4.2-20）。

4. 案例总结

（1）设计应加强道岔区桥梁排水专业间沟通工作，在设计阶段，由高架区间副总体牵头，针对岔区内各专业进行专门提资及会签工作，涉及专业有：土建（桥梁）、轨道系统、信号系统、弱电系统、供电系统、区间给水排水系统等。

（2）土建应在图纸上明确桥面坡度坡向雨水斗，确保雨水斗始终处于最低点。

第 4 章　区间给水排水及消防

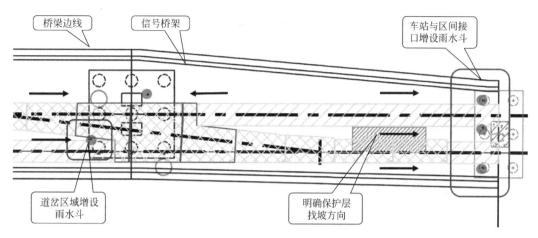

图 4.2-20　整改方案示意图

4.3　接口问题案例

案例一　区间压力排水管在疏散平台上方敷设的问题

1. 问题描述

因外部协调难度大，某区间联络通道兼废水泵房地面检修井无法实施，影响区间废水排放。按照就近排水原则，将该联络通道兼废水泵房压力排水管分别接至就近中间风井废水池，通过中间风井废水泵二次提升至室外，排入市政雨水系统。上述区间排水方案调整后，压力排水管需通过区间隧道侧壁敷设至邻近车站或中间风井。根据限界专业通用做法，排水管位于消防水管同侧下方敷设，则区间压力排水管必须过轨，考虑到本线采用供电轨供电，压力排水管道过轨会侵入集电靴与供电轨设备限界，如图4.3-1所示。

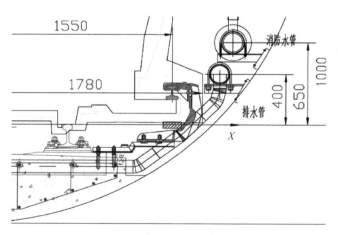

图 4.3-1　压力排水管侵入集电靴与供电轨设备限界

147

涉及规范：

《地铁设计规范》GB 50157—2013 第 14.3.4 条第 7 款：区间排水泵站及洞口雨水泵站的压力排水管宜通过中间风井或穿过泵房顶部直接排出，无条件时，可通过车站接入城市排水系统。

《地铁设计规范》GB 50157—2013 第 5.4.4 条第 1 款：当区间隧道设有疏散平台时，平台宜设在行车方向左侧，消防设备、排水管宜布置在行车方向右侧；不设置疏散平台时，消防设备、排水管以及维修插座箱，宜布置在行车方向左侧。

2. 分析原因

设计接口问题。

3. 解决方案

将压力排水管从行车方向右侧调整至盾构区间内侧敷设，采用区间压力排水管在中部位置走管方案，如图 4.3-2 所示。区间排水管布置位置优缺点如表 4.3-1 所示。

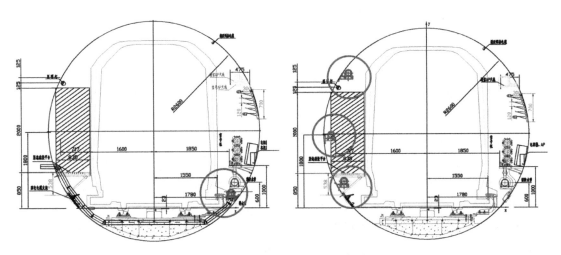

图 4.3-2　压力排水管布置示意图

区间排水管布置位置优缺点　　　　　　　　　　表 4.3-1

排水管位	优点	缺点
上部	(1)不影响疏散； (2)不影响其他管线	(1)安装较难(距离道床面约 3.6m，距离疏散平台约 2.5m)； (2)检修困难； (3)管道附件有掉落的可能
中部	(1)方便安装； (2)方便运营维护	影响疏散(在限界设计范围内)
下部	(1)不影响疏散； (2)美观	(1)安装较难，局部或与疏散平台冲突，安装时需要两专业积极沟通； (2)不便于供电线缆日常检修

第4章 区间给水排水及消防

4. 案例总结

压力排水管敷设宜满足以下要求：DN150/DN125/DN100 区间压力排水管的支撑角钢长度宜控制在合理范围，整个支架宽度分别不超过 261mm/240mm/220mm，且应对角钢端部做切圆处理并打磨光滑，切圆半径不应小于 10mm，以保证疏散平台上人员行走安全，如图 4.3-3 所示。

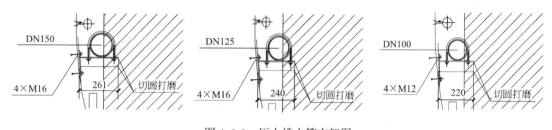

图 4.3-3 压力排水管支架图

案例二 区间压力废水管冲突问题

1. 问题描述

某地铁线路区间压力废水管敷设在疏散平台下方，进出区间联络通道废水泵房时穿越疏散平台，导致疏散平台行走宽度不满足要求。

2. 分析原因

由于疏散平台下方空间有限，导致个别区间内压力废水管安装位置与供电支架冲突，不能按图纸的标高安装；区间压力废水管出泵房进入区间位置会自上而下穿区间疏散平台，影响疏散平台宽度。

3. 解决方案

穿疏散平台位置排水管要求现场尽量贴区间壁安装，减少对疏散平台宽度的影响。建议后续线路与结构专业沟通协调，提前预埋好孔洞，在进入区间前就将标高降到疏散平台下方。

4. 案例总结

建议后续线路区间压力废水管敷设位置调整至行车方向右侧（即与消防水管敷设在同一侧）。带来的问题是会增加压力废水管过轨敷设，需提前做好过轨预留条件，提前预埋好孔洞，在废水管进入区间前就将标高降到疏散平台下方。

案例三 外挂区间废水泵房检修通道被管线遮挡

1. 问题描述

某区间外挂废水泵房出口处被水管、电缆横穿遮挡，无法通行，影响运营检修（图 4.3-4）。

2. 分析原因

限界专业未对该处区间管线做统筹规划，按标准断面考虑；另外，各专业管线（尤其是集中供冷水管和区间电缆）设计时也未对该处做特殊说明，导致管线安装后严重遮挡了去往区间废水泵房的通道。

图 4.3-4　集中供冷水管和区间电缆遮挡区间废水泵房门洞

3. 解决方案

在去往区间废水泵房的门洞处，局部抬高供冷水管和电缆高度，确保门洞范围通行无遮挡，管道安装宽度和高度满足相关要求。

4. 案例总结

区间有外挂废水泵房时，泵房侧区间管线布置时应考虑进出泵房的检修通道，不得有管线遮挡检修人员正常进出。

案例四　区间排水沟被电缆占用

1. 问题描述

深圳某区间废水泵房位置附近预留轨道排水沟被电缆占用，未利用预留的电缆套管，影响区间排水（图 4.3-5）。

2. 分析原因

低压专业未提资轨道专业预留过轨电缆线管，导致占用轨道排水沟，连带影响给水排水专业。

3. 解决方案

低压专业与轨道专业配合重新开槽整改，与轨道排水沟功能分开，确保区间废水能正常进出泵房，正常排水。

4. 案例总结

电缆不能占用排水沟，应在预留的穿管内敷设电缆。设计在会签轨道图纸、设计交底时，应充分提醒施工单位，做好施工前的接口对接，不能乱占其他专业的位置。

图 4.3-5 轨道排水沟被电缆占用

案例五 区间支架和预埋滑槽匹配

1. 问题描述

区间利用预埋滑槽上安装消防管、压力排水管支架（图 4.3-6），两支架相互冲突：①盾构预埋滑槽位置若按限界图安装高度安装区间消防管（在上）、排水管（在下）支架时，区间支架的中间部位"T"形锚栓无法安装（有两个孔无法紧固螺栓）；②若利用下方滑槽安装，则需降低排水管安装高度，不满足线路中心线距设备边界（含支架外边缘）不小于 1700mm 的限界宽度要求。

图 4.3-6 滑槽支架安装示意图

2. 分析原因

设计深度和施工安装问题。

3. 解决方案

调整区间消防、排水管道安装位置，尽量利用滑槽支架。在满足限界要求的前提下，在管片拼接缝处滑槽未连续位置打孔安装压力排水管支架，其余未断开处利用现有滑槽。

4. 案例总结

目前，越来越多的地铁区间机电管线采用预制滑槽安装，此措施方便施工，且对盾构管片较为安全，但滑槽安装存在偏转、偏移、套筒安装错误等问题，会连带导致机电管线安装出现问题，故结构专业的滑槽安装，也应精细化设计，限界图上的管线支架、套筒螺栓、滑槽示意均应按实际尺寸表达，做到精细化安装。

案例六 区间废水泵房预埋管标高问题

1. 问题描述

某区间废水泵房处预埋管标高无法满足轨道排水要求（图 4.3-7）。

图 4.3-7 现场预埋管位置示意图

2. 分析原因

某区间废水泵房预埋排水管里程为 ZD1K16+935.239，该段轨道结构为钢弹簧浮置板道床。原设计该区间废水泵房埋管沉砂坑坑底相对轨面标高为－940mm，预埋管起点管底相对轨面标高为－900mm，但施工时按照一般道床设置双侧水沟条件预埋（管口标高为轨面以下－655mm）。

轨道施工单位对预埋管道高于设计要求的问题未予以重视，也未与工点区间结构设计沟通，直接进行浮置板道床施工，导致区间废水泵房区域浮置板地段积水高于道床底座，一定程度上影响了减振效果,对隔振器的服役寿命也存在一定影响。

3. 解决方案

某区间联络通道左线存在排水管高于中心排水沟的问题,左线轨道浮置板已施工完成。根据现场观察,浮置板未顶升时 DN250 的排水管上半部被挡。若采用重新钻孔增加过水面积的方案,会钻穿该区间隧道最低处的管片,且浮置板已施工,无法对隧道底部开孔处进行封堵处理,从而形成漏水通道,不利于隧道防水及结构安全。经排水设计单位确认,现状排水能力满足消防工况要求。

4. 案例总结

该问题是工点结构设计对轨道提出的排水要求未核查、未落实造成的设计错误,轨道施工单位发现问题后,担心影响施工进度,没有与设计单位沟通,失去了最后的处理机会。

排水问题是较为多发的突出问题。给水排水专业总体应发挥协调检查作用,轨道、结构设计应就排水关键部位进行积极沟通,从设计入手解决排水问题。施工阶段,在实施整体道床前,业主(或监理)应组织设计、施工人员对前置工程接口进行联合检查,发现与设计要求不一致的前置工程接口条件时,应及时组织研究整改措施。

盾构区间废水泵房除预埋排水管,应尽可能降低管口高度,尽量贴近盾构管片最低点埋设,为通畅排水创造条件。

案例七 区间废水泵房集水井深度问题

1. 问题描述

潜污泵持续运行所需的最低水位较高,导致区间废水泵房集水井深度较大,土建施工风险增加。

2. 分析原因

广州地铁某区间隧道位于岩溶发育区,地下水联系紧密,地质条件较差。联络通道地层因无地面加固条件,故采用洞内冻结法加固。然而冷冻法加固存在后期融沉沉降量大、持续时间长的问题,而且施工期间一旦冷冻设备发生故障使地层失去冷冻效果,也会有隧道塌方的风险。

另有部分区间废水泵房所处地段地质硬度较大,影响矿山法开挖速度。联络通道兼废水泵房采用矿山法施工,施工时间长达 4 个月,工期较长。

因此,为降低泵房开挖风险并节省工期,考虑通过调整水泵,对区间废水泵房集水井进行优化调整。

3. 解决方案

针对该情况,给水排水专业对集水井各水位进行了逐一分析,其中对集水井深度影响最大的水位为 H_1 停泵水位,该水位受水泵结构影响,不同厂家水泵对该水位要求不同(图 4.3-8)。

经市场调研对比分析,宁波及山东的某两种潜污泵对停泵水位 H_1 要求相对较低,针对区间常用水泵(流量 $Q=20\sim30\text{m}^3/\text{h}$,扬程 $H=25\sim50\text{m}$),较优厂家可把停泵水位控制在较低水平,建议取值 $H_1=500\text{mm}$。

另鉴于区间土建实施难度,适当降低 H_4 及 H_5 数值,分别减少 50mm、100mm,即

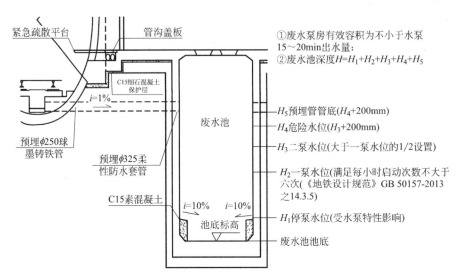

图 4.3-8 区间废水泵房水泵水位示意图

$H_4 = 150$mm、$H_5 = 100$mm。潜污泵选取国内较优厂家,对废水池深度优化结果如表 4.3-2 所示。

废水池深度优化   表 4.3-2

区间	区间一	区间二	区间三
废水池深度(目前方案)	2350mm	2280mm	2430mm
废水池深度(国内较优厂家,扩大废水池面积)	1800mm	1350mm	1880mm

4. 案例总结

该问题的产生主要是因为施工单位出于对地质条件影响施工风险、施工难度的考虑,但往往该问题提出时给水排水专业设备已经招标完成,潜污泵型号已经确定,此时如果对区间废水池进行调整,则已确定的潜污泵就无法继续使用,此时对潜污泵进行变更就十分被动。

建议在设计阶段土建设计充分考虑地质条件对施工的影响,与给水排水设计协商确定废水池最小深度,从而指导设备招标。

附录：案例索引

序号	章节编号	案例名称	所在页码
1	2.1.1	案例一：风井布置未充分考虑与出入口关系，导致烟气倒灌	005
2		案例二：地铁风井与物业风井合建设置，不满足消防要求	007
3		案例三：车站两个出入口连接通道长度超过60m未设置排烟设施	008
4		案例四：排烟风口未设置在储烟仓内	009
5		案例五：车站设备区内走道排烟口设置过少，导致排烟效果差	009
6		案例六：未按规范要求在排烟支管或常闭排烟口上设置排烟防火阀	011
7		案例七：装修吊顶的形状影响排烟效果	012
8		案例八：排烟风机入口处的排烟防火阀未实现与风机连锁	012
9		案例九：车站垂梯与楼扶梯之间空隙未做封堵	013
10		案例十：楼梯间余压阀的设置位置要避开加压送风口	014
11		案例十一：余压阀安装位置不当，影响楼梯间的疏散	015
12		案例十二：楼梯间加压送风时，楼梯间的疏散门无法打开	016
13		案例十三：防火阀未按图纸要求安装	017
14		案例十四：风管穿越防火墙两侧未采取防火保护措施	018
15		案例十五：专用防排烟风机未按规范安装	018
16		案例十六：防烟防火阀复位控制箱影响疏散宽度	020
17		案例十七：站厅公共区冷烟测试时，新风道内有烟气窜入	020
18	2.1.2	案例一：冷却水管标高高于冷却塔集水盘	021
19		案例二：冷却水管标高高于冷却塔集水盘的高度（运营调试阶段）	023
20		案例三：冷却塔出水管及膨胀水箱标高低于冷却水泵入口标高	024
21		案例四：环控提资土建未落实	025
22		案例五：多联机室外机散热环境差	026
23		案例六：下沉式冷却塔布置时未考虑进风要求	028
24		案例七：环控与土建配合不到位，导致射流风机安装空间不够	028
25		案例八：机电管线布置未考虑远期预留车站土建基坑设备安装条件	030
26		案例九：环控机房内大型设备进出风口与构造柱冲突	031
27		案例十：未核对风道、风室夹层内设置的下翻梁与设备安装冲突	032
28		案例十一：空调水管穿越人防门孔洞预埋位置不合适	032
29		案例十二：车站中板预留专业孔过小	033
30		案例十三：车站通风空调设施安装与结构梁冲突	034
31		案例十四：车站设备区管线复杂影响抗震支吊架安装	034

续表

序号	章节编号	案例名称	所在页码
32	2.1.2	案例十五：土建施工误差问题导致现场无法按图施工	035
33		案例十六：轨底风口未按图施工与电缆支架冲突	037
34		案例十七：出场线洞口区间推力风机喷口气流被墙体遮挡	037
35		案例十八：区间射流风机夹层未设置防护围栏	039
36	2.1.3	案例一：地面冷却塔及多联机室外机的围蔽与周边景观不协调	040
37		案例二：室外专用防排烟机房的设置要结合景观	041
38		案例三：高架站空调室外机布置不美观问题	042
39		案例四：装修专业更改吊顶形式未提资环控专业修改风口设置	043
40		案例五：吊顶高度不足，管线安装困难	044
41		案例六：公共区风口与装修盖板冲突易凝露	046
42		案例七：小系统管线穿越公共区且标高影响装修	047
43		案例八：站台层楼梯下三角房通风问题	048
44		案例九：站厅层公共区局部综合管线与公共区装修碰撞问题	049
45	2.1.4	案例一：设有气体灭火系统的房间增设下排烟口	050
46		案例二：空调机组过滤网外部被管线遮挡无法维护	051
47		案例三：下排风管设置位置影响到设备后期检修	052
48		案例四：多联机室内机进出风口被遮挡	052
49		案例五：风口布置在变电所设备柜正上方	053
50		案例六：风机调试中出现启动电流过大导致开关跳闸	054
51		案例七：冷却塔变频的问题	054
52		案例八：阀门开度问题	054
53		案例九：水系统传感器的安装位置较困难	055
54		案例十：风机安装较高且重叠，无检修条件	056
55		案例十一：吊柜式空调器未考虑检修条件	057
56	2.2.1	案例一：水泵接合器与室外消火栓不便取用	058
57		案例二：室外消火栓设置位置影响景观或道路通行	059
58		案例三：消防泵房通道宽度不满足规范要求	059
59		案例四：公共区消火栓箱开门未见栓口	061
60		案例五：水泵接合器标志铭牌	062
61		案例六：站台门上方安装消防水管	062
62		案例七：站台层配线区消防管道与转辙机冲突	063
63		案例八：消防立管与装修冲突	065
64		案例九：室外地下消火栓问题	065
65		案例十：波纹补偿器未设置滑动支架	066
66		案例十一：消火栓箱位置和风管冲突	066

附录：案例索引

续表

序号	章节编号	案例名称	所在页码
67	2.2.2	案例一：车站水表组位置与规划道路冲突	068
68		案例二：室外水表组影响观感	069
69		案例三：某地面站室外给水引入管调整	071
70	2.2.3	案例一：某地面站室外排水系统整体排向调整	072
71		案例二：某站配线区间端部泵房室外排水问题	073
72		案例三：市政路至车站出入口道路积水问题	075
73		案例四：风亭夹层潜污泵检修困难	076
74		案例五：出入口人行天桥最低点漏设截水和排水设施	077
75		案例六：污水泵房检修爬梯及控制柜设置不合理	077
76		案例七：新风井和新风道卫生防疫相关要求	078
77		案例八：高架站轨行区排水问题	079
78		案例九：污水管在站台公共区敷设	079
79		案例十：室外化粪池与前期电缆沟冲突	080
80		案例十一：污水泵房设置未注意结构柱的影响	080
81		案例十二：冷却水管沟未考虑集水井	082
82		案例十三：地漏立管下穿隔离开关室	083
83		案例十四：车站主废水泵房进水口标高不足	083
84	2.2.4	案例一：外立面排水管道安装的问题	085
85		案例二：车站预留孔洞套管问题	085
86		案例三：车站污水泵房、过轨电缆通道处集水井遗漏	086
87		案例四：污水泵房集水井尺寸问题	087
88	2.2.5	案例一：一体化污水处理设施井盖与景观设置冲突	088
89		案例二：轨行区排水管路由问题	089
90		案例三：附属公共区潜污泵控制箱操作面板外露	090
91		案例四：消火栓箱安装位置不便取用	091
92		案例五：消防泵房压力开关与FAS接口问题	093
93		案例六：电缆廊道排水管线与电缆冲突	094
94	2.3.1	案例一：气瓶间检修空间不足	095
95		案例二：气瓶间内双切箱无法开启	097
96		案例三：泄压装置面向轨行区	098
97		案例四：气体灭火管道布置不合理	099
98		案例五：气体灭火管道支架安装空间不足	101
99	2.3.2	案例一：静电地板下细水雾喷头与弱电线槽冲突	101
100		案例二：高压细水雾储水箱补水管影响检修	102
101		案例三：细水雾控制箱低压电缆进线问题	103
102		案例四：预作用喷淋系统遗漏FAS监控提资	104

157

续表

序号	章节编号	案例名称	所在页码
103	3.1.1	案例一:综合楼冷凝水管影响室内标高	106
104		案例二:风管、水管与楼梯冲突问题	107
105		案例三:风管、水管与结构梁冲突问题	109
106		案例四:综合楼排油烟风机噪声问题	110
107		案例五:排烟窗采用上悬窗,有效排烟面积不足	110
108		案例六:电气房间自然引风窗有进雨水隐患	111
109		案例七:空调机房外百叶窗的美观问题	112
110		案例八:车辆段检修库排烟风机的机房无防火隔断,风机就地控制箱放置于排烟机房外不满足要求	113
111	3.1.2	案例一:室外架空综合支吊架安装不牢,发生掉落事件	114
112		案例二:运用库风管与接触网地线冲突	115
113		案例三:0.4kV开关柜室排风管与控制柜及上出线缆冲突	116
114	3.2.1	案例一:停车场维修运转楼屋顶消火栓保护不足	117
115		案例二:中间天井处自喷系统设置问题	118
116	3.2.2	案例一:卫生间冲洗水量较小	119
117		案例二:车辆基地预埋给水管破裂	120
118	3.2.3	案例一:某停车场排水接驳管与电缆沟冲突	121
119		案例二:洗车库溢流管数量多,接管困难	122
120		案例三:岗位空调与拖把池冲突	123
121	3.2.4	案例一:车辆段维修运转楼消防水池取水口与结构冲突	124
122		案例二:车辆基地库房消防管道与变形缝接水槽冲突	126
123	3.2.5	案例:室外架空喷淋管安装	127
124	4.1	案例一:区间消防管道与轨道排水沟冲突问题	131
125		案例二:区间消防管与其他专业管线冲突	132
126	4.2	案例一:高架区间排水不畅	134
127		案例二:线间距大的区间排水安全隐患	135
128		案例三:U形槽雨水泵房排水出户管路无法敷设	137
129		案例四:区间内置式泵房液位计安装空间不足	139
130		案例五:区间洞口雨水泵房排水能力不足	140
131		案例六:路基段排水问题	141
132		案例七:区间联络通道废水泵房疏散门开度不够	142
133		案例八:暗埋雨水管道堵塞导致排水不畅	143
134		案例九:与车站交界的高架区间排水不畅	144
135		案例十:高架岔区平坡段区间排水不畅	146

附录：案例索引

续表

序号	章节编号	案例名称	所在页码
136	4.3	案例一:区间压力排水管在疏散平台上方敷设的问题	147
137		案例二:区间压力废水管冲突问题	149
138		案例三:外挂区间废水泵房检修通道被管线遮挡	149
139		案例四:区间排水沟被电缆占用	150
140		案例五:区间支架和预埋滑槽匹配	151
141		案例六:区间废水泵房预埋管标高问题	152
142		案例七:区间废水泵房集水井深度问题	153